「MSマトリクス」 組織の強化や人材の育成に役立つ本書の最重要ツール

マインドセットの高低をタテ軸に、スキルをヨコ軸に取って、社員やメンバーの現在の状態をマトリクスの上で視覚化します。それによって自社の組織や人材を俯瞰でき、組織の課題を明確にしたり戦略を整理したりするのに役立ちます。

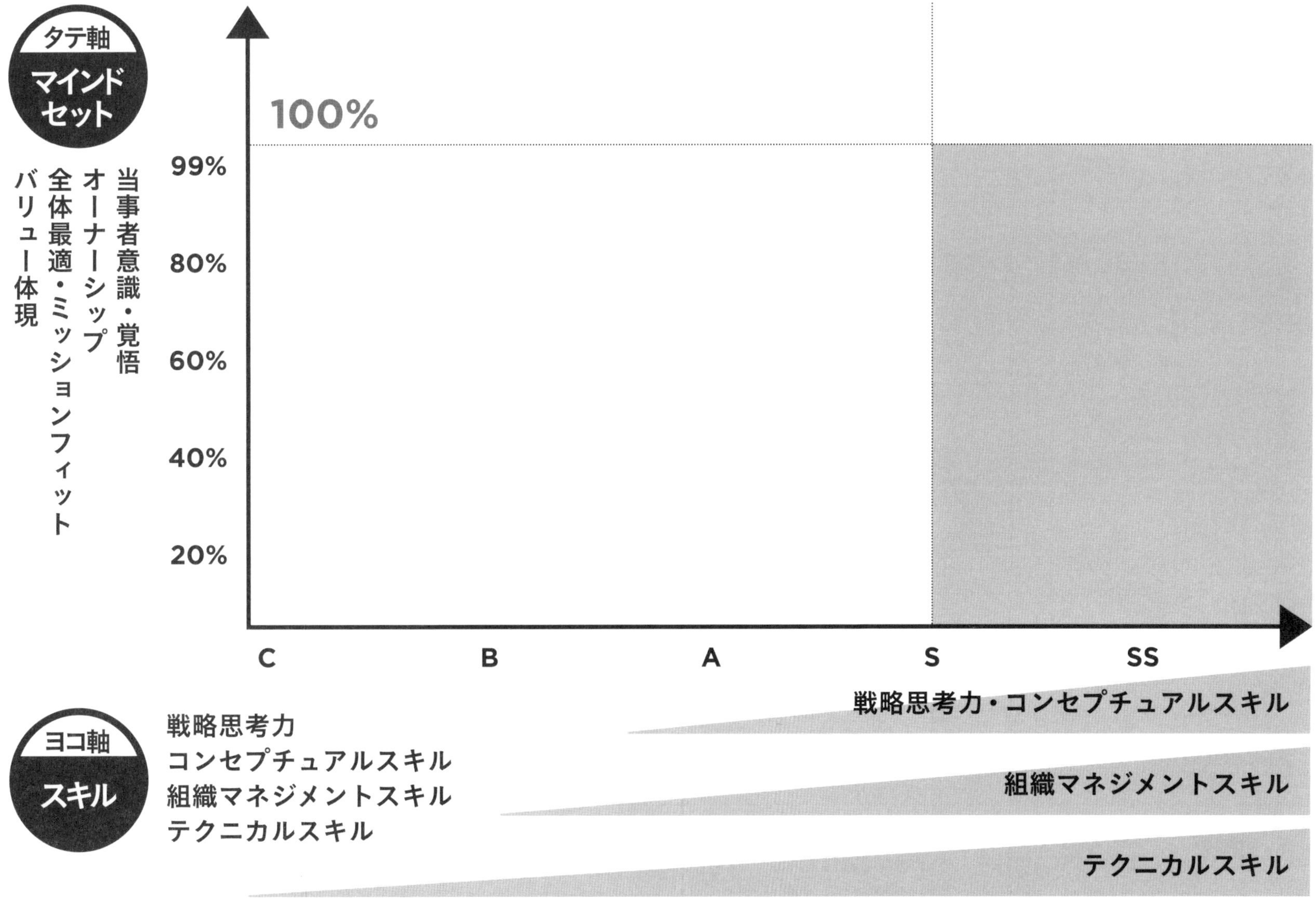

キリトリ

「MSマトリクス」使用例

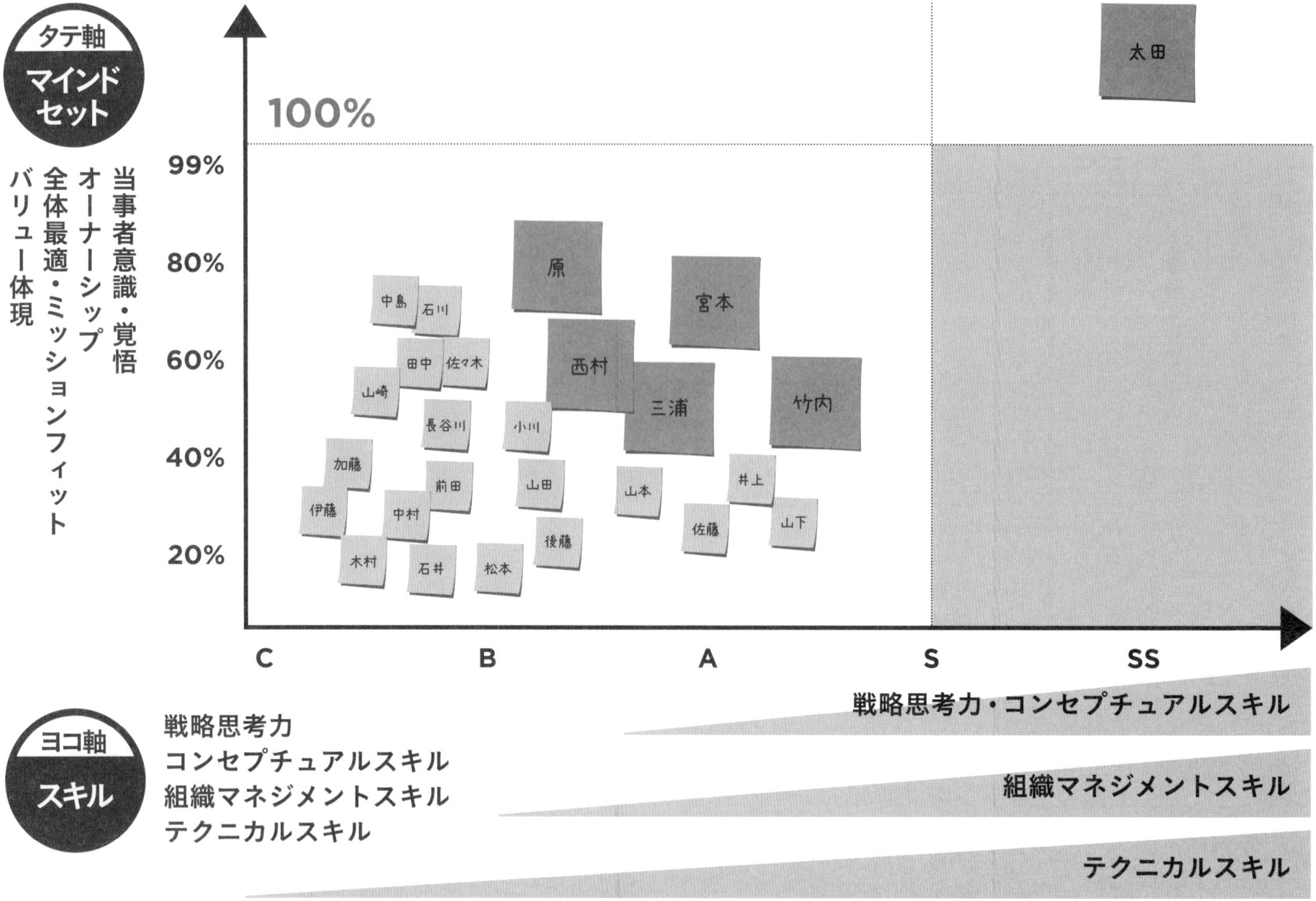

タテ軸
マインドセット
当事者意識・覚悟
オーナーシップ
全体最適・ミッションフィット
バリュー体現
100%
99%
80%
60%
40%
20%
太田
原
宮本
西村
三浦
竹内
中島
石川
田中
佐々木
山崎
長谷川
小川
加藤
前田
山田
山本
井上
伊藤
中村
佐藤
山下
後藤
木村
石井
松本
C
B
A
S
SS
ヨコ軸
スキル
戦略思考力
コンセプチュアルスキル
組織マネジメントスキル
テクニカルスキル
戦略思考力・コンセプチュアルスキル
組織マネジメントスキル
テクニカルスキル

全員経営者マインドセット

MS MATRIX STRATEGY

MSマトリクスで
実現する次世代組織

吉田行宏
YUKIHIRO YOSHIDA

CROSSMEDIA
PUBLISHING

マインドセット

Mindset

経験や教育、

生まれ持った性質などから

形成される思考様式。

信念や心構え、

価値観や判断基準。

まえがき

あなたの会社には、社長は何名いますか？

「何を馬鹿な質問を！」――そう言われてしまうかもしれません。

確かに近年、二代表制や共同ＣＥＯなども耳にするようになったとはいえ、それはレアケースであり、普通、社長は1名ですよね。

実は私の質問の「社長」は肩書ではなく、〝社長マインドセットの人〟〝経営者マインドセットの人〟の意味です。

では、質問をあらためます。皆さんの会社には〝経営者マインドセット〟を持つ経営幹部、ミドルリーダー、社員は何名いますか？

今度は「経営者マインドセットって何？」と逆に質問されますよね。

詳しくは本の中で述べますが、この〝経営者マインドセット〟をどれくらいの人が持っているかが、会社の成長・組織の成長に大きく影響するのです。

ここで、その〝経営者マインドセット〟を持つ人が少ない会社で、日頃聞こえる声をご紹介します。これらの声は、心の声であり、実際に聞くことはありあまりありません。しかし、心を澄ますと、いろいろな会社で聞こえてくるのです。

▼社長の心の叫び

当事者意識100％のほうが、会社のためだけでなく、社員自身の成長や幸せになるから経営者意識を持ってほしいけど、どうしてわかってもらえないんだろう。

▼ミドルリーダーの心の叫び

社長の気持ちも少しはわかるけど、そこまで社員に求めても無理があるかも。間に挟まれて辛いな。

▼社員の心の叫び

自分は会社の株を持っているわけでもないし、当事者意識100％なんてあり得ないでしょ。

▼社長の心の叫び

もちろん厳しいことも言うけど、本当に社員に成長して幸せになってほしいし、社員とは家族のように強い信頼関係の組織を目指したい。

▼ミドルリーダーの心の叫び

自分も部下には成長してほしいから、いいチームをつくりたいけど、いろいろ強制はしたくないし……。どうすればいいんだろう。

▼社員の心の叫び

今どき、会社が家族って……。働き方改革の時代だし、仕事とプライベートは切り離したい。そう言っておいて、単にハードワークしてほしいだけじゃないかと少し勘ぐっちゃう。

この三者の心の叫びは、何を意味するのでしょう。

理解し合い、協力していくことは、永遠にできないものなのでしょうか？

あなたの会社でも、これらの心の声が聞こえるかもしれません。

私は〝経営者マインドセット〟の人たちが増えれば、これらの声が、次のように変わると思っています。

▼社長の声
うちの社員は当事者意識が高く、頼りになる。本当に日々成長している。私は社員を本当の家族のように思っているし、彼らも私のことを信頼してくれていると感じる。彼らのことを誇りに感じているし、彼らが物心両面で幸せになってほしいと心から願っている。

▼ミドルリーダーの声
うちの社長のことはとても尊敬している。もちろん完璧ではないかもしれないけど、それは私も同じ。その部分はお互い補完し合うのがチーム。メンバーと共に成長して、社会や顧客に貢献したい。

▼社員の声
社長もリーダーも、私たちの成長のことを真剣に考えてくれていると思う。もちろん給料やスキルも上げたいけど、もっと成長して会社や社会に貢献をしたい。一生この会社にいるかはわからないけど、今はブレーキを踏まずに全力で挑戦し続けたい。

自己紹介

私のもとには多くの経営者やリーダーが日々、相談に来られます。その多くが「組織」についての悩みや課題を抱えておられます。そんな皆さんに、私は自分のこれまでの経験をベースにしながらアドバイスしているのですが、まずは、自己紹介と共にそのことについてお話ししたいと思います。

私は以前、株式会社ＩＤＯＭ（旧ガリバーインターナショナル／以後ガリバーと表記）に創業メンバーとして参画し、専務取締役として18年間在任しました。自動車流通業界に「車買取専門店」という新しい業態で革新を起こした同社は、創業４年で株式公開し、設立10年で売上高１０００億円を達成。世界でも数少ない「ハイパーグロースカンパニー」として飛躍的な成長を遂げ、現在に至っています。

在任中は、さまざまな事業や部門の役員を担当しましたが、私が一貫して関わったものの一つが、「人事・評価制度の構築」と「社員や幹部の育成・教育」です。創業当時は10名だった社員も３０００人を超える中で、実業で経験を積みながら、独自の研修や育成理論の構築も行いました。

今さらながらに思うのは、ガリバーは、非常に組織力の強い会社だったということです。さまざまなライバル企業が出てきても、常に業界ナンバーワンを走り続けることができたのは、ビジネスモデルや戦略の良さもさることながら、この組織力の要因も大きかったと思います。人が育ち、全社員が一丸となれたことで、そのような業績を残すことができたのです。

同社を退任後は、多くの経営者から「事業戦略や組織戦略の支援をしてほしい」と声をかけていただき、応援をしています。また、若手起業家と共同での事業も行っており、合計で25社への出資や支援をしています。毎日が刺激的で充実しており、私の年齢でも成長を感じています。

なぜ本書を書いたか

これらの経験を通して、人が育ち、組織が強くなるための原理原則とは何か、それにはどのような型があり、具体的にどのような方法を取れば強くなっていくのかを徹底的に考えました。そして、その具体的施策を支援先の会議や研修・合宿等で実践しました。

その中で、私が原理原則・本質だと考えていたことが、多くの人にとっては初めて聞く概念だということがわかりました。しかも、事業推進にばかり目が向き、組織づくりに注力できている会社が本当に少ないことにも驚きました。

そこで、私が考える組織の原理原則や本質、マインドセットの大事さ、組織マネジメントスキルの習得方法をまとめることで、直接会うことのできない経営者やリーダーの皆さんにも、少しでも役立ててほしいという思いから、本を書こうと決めたのです。

本書の中心となる「MSマトリクス」という概念を理解し、活用することで、組織に変化が起こると私は考えています。情報過多の現代に、単に知識習得だけで終わるのでなく、本書を実践の場で活かしてもらえるよう心を砕いて書きました。

また、個人の集合体である組織の力を高めるためにはどうしたらよいのか。そしてリーダーのマインドセットや組織マネジメントスキルを向上させるためにはどうしたらよいのか。そういった、組織戦略だけではない、人材育成の疑問にもお答えしています。

私は2018年4月に、『成長マインドセット』というタイトルの本を出版しました。これは〝個人の成長〟に焦点を当てた内容で書いたものです。

組織を構成する一人ひとりのメンバーのマインドセット力が高まることは、会社の成長に不可欠ですし、個人の人生も素晴らしいものにしてくれます。

「悩みながら自分の人生にブレーキを踏んでいる」より、「一定期間でもブレーキを踏まずに生きてみる」「あらゆることを他責にせずに、オーナーシップを持って生きてみる」ことが大切ではないか、というメッセージを込めて書いています。本書と『成長マインドセット』を併せて読んでいただくと、さらに理解が深まると思います。

誰にどう読んでほしいか

この本は、社長のためだけに書いたものではありません。役員・リーダー・社員、組織に属するメンバーであればすべての人に必要な考え方が書いてあります。また、会社だけに限らず、スポーツチームや非営利団体などの組織に携わっている人が読んでも、考え方の整理や、組織を強くしていくための実践的なステップとして役立つと思います。

また、本書は、読む人の会社の規模やフェーズによって、一部、参考になる部分が異なるかもしれません。しかし、大半はすべての人に通じる原理原則や本質をまとめています。ぜひそういうスタンスで読んでみてください。

「人生の経営者になる」ということ

「自分の人生を、他人や社会の仕組み・慣習に依存することなく、オーナーシップを持って生きる」

「人生をより楽しく充実したものにし、他者への愛も大きくする」

これが私の最大のメッセージであり、願いです。

この真意や本質、具体的な方法については、本書から汲み取っていただければ幸いです。

社長・リーダー・社員が相互に信頼し、共に成長することで〝全員経営者マインドセット組織〟への挑戦がスタートします。

この本が、より多くの人の助けになれば本望です。

社長の心の叫び

リーダーのAくん、仕事はできるけど、
メンバーからの評判が良くないな。
注意したいけど辞められては困るから強くは言えないし。

ミドルリーダーの心の叫び

自分のほうが仕事も現場もわかってるのに、
社長は何で意見を聞き入れてくれないんだ。
真剣に会社を良くしたいと思っているのに……。

社員の心の叫び

うちのリーダー、仕事はできるけど、
チームワークに問題あるよね。
自分の評価のことが一番大事みたいに感じる。
僕たちは何を目指していけばいいんだろう。

三者の「心の叫び」

社長の心の叫び

会議でみんな意見を言わない。
いつも私ばかり喋ってしまう。
いつまでも人材が育たないな。

ミドルリーダーの心の叫び

どうせ社長の意見に決まるから、何を提案しても無駄。
チームのメンバーは自分の意見を聞いてくれるから、
飲みながらでも話せばいいや。

社員の心の叫び

リーダーの意見もわかるけど、会社と違うのは困るな。
もっと会議で強く発言すればいいのに。

社長の心の叫び
業績を伸ばすには、即戦力が必要だ。
能力が高い人材は給与を多く出しても採用しなくては。

ミドルリーダーの心の叫び
社長はヘッドハンティングで能力の高い人材を採用するけど、
教育もできないし、
他のメンバーとうまくいってないことに気づかないのかな。

社員の心の叫び
給与が高い人材を採りすぎなんじゃないかな。
会社に馴染めずにすぐに辞めていく人が多いのに。

社長の心の叫び
リーダーのBくんは部下には慕われているけど、
いつも目標が未達に終わってしまう。
もっと部下に厳しく接して
目標達成のためにやり切ってほしい。

ミドルリーダーの心の叫び
目標が高すぎて納得感がないし、
チームも疲弊してしまっている。
高い目標の大事さはわかっているけど、
皆を追い込むと離職につながるので守ってあげないと。

社員の心の叫び
社長は目標必達と言ってくるけど、
現場の大変さがわかってないよね。
リーダーは自分たちのこと理解してくれるから助かるけど。

『全員経営者マインドセット』　目次

第2章 マインドセットの高い人、低い人とは？

Contents

第3章　マインドセットは、誰から、どう向上すべきか？

第4章　リーダーのマインドセットとスキルが向上する方法

第5章　ＭＳマトリクスを採用・評価にも活用する

Contents

特別章　マインドセットが上がり、戦略思考が磨かれる〝全員経営者弁証法的会議〟

第1章

自社の組織は強い？ 弱い？

〈ある経営者からの手紙〉

OM様

先日は、お忙しいところ事業戦略のアドバイスをいただき、ありがとうございました。お陰様で、事業のほうは徐々に伸びてきており、社員数も増えてきております。さて、今回は事業に関してではなく、組織づくりや人材に関してご相談させていただけないでしょうか？

売上は順調に伸長し、好ましい状態ではあるのですが、事業が拡大するにつれて、組織に軋《きし》みが出てきているように感じております。

組織が大きくなる速度に人材の成長が追いついておらず、効果的な策も取れていない状況で、このままでは事業の成長も頭打ちになるのではないかと懸念しております。また、優秀だと思って採用した人材に思うように活躍してもらえず、退職者も徐々に出てきております。

会社のミッションやビジョンは、朝礼等で伝えているつもりなのですが、今ひとつ社内に浸透している実感がなく、社員間のコミュニケーションも滞っているように感じられます。そのため組織強化の新たな制度の導入や、評価制度の見直しが必要なのかと考えております。

この先の組織運営や人材育成に悩んでおり、今後どのようにしていけばよいか、ぜひ、何らかのアドバイスをいただけましたら幸いです。

株式会社ソシキオ
代表取締役社長　ＳＯ

株式会社ソシキオ

ＳＯさん

お手紙ありがとうございます。

事業が伸びておられて素晴らしいですね。私も嬉しく思います。

業績は順調のようですが、組織や人材に課題を抱えていらっしゃるようですね。今後、事業をさらに発展させていく上でも、組織力の強化は大変重要なポイントだと思います。

いろいろと詳細をお聞きしないと、より具体的なアドバイスは難しいのですが、お互いに多忙で、すぐにはお目にかかれないと思います。ですので、これからお伝えすることがＳＯさんの思考の整理になればと思います。

また、御社の組織強化や人材育成の役に立つ「ＭＳマトリクス」という図についても、お話しさせてください。この図は、私が支援する多くの会社の経営者やリーダーに使い方を伝えているものです。

実際に組織会議や合宿で活用しており、次のような感想をいただいております。

「漠然としていた組織の課題が明確になった！」

「ミッション・ビジョンを社員と共有し、共に取り組んでいると実感できるようになった」

「社員をどう育成していくかイメージできた」

「〝全員経営者〟の本当の意味がわかった」

「後ろ向きな理由で辞める社員が減った」

このあと、自社の組織課題とのその要因について考えていただき、この図の活用法もご説明しますので、ぜひ試してみてください。

OM

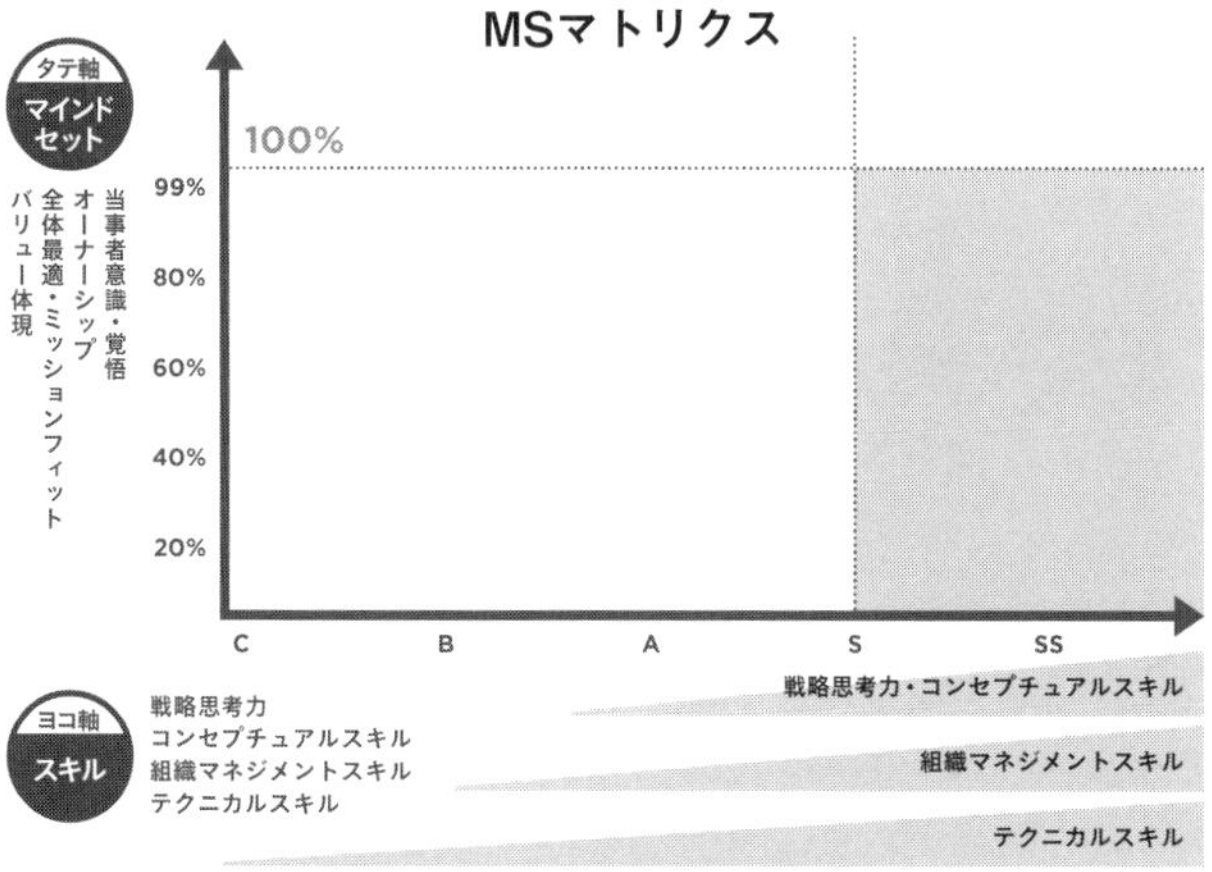

1

MS MATRIX STRATEGY

自社の組織の「本質的課題」は何か？

冒頭、会社の組織文化や人材育成で悩むSO社長と、彼のメンター的存在であるOM氏のやりとりを、皆さんはどう感じたでしょうか？

本書を手に取られた皆さんの多くは、中小・ベンチャー企業の社長や、その幹部・リーダー、大企業のリーダーや、それを目指している人だと思います。

そんな皆さんなら、SO社長の悩みにも「そうそう」「あるある」と共感する部分が多々あるでしょう。しかし、手紙のOM氏のように適切なアドバイスをくれる人が身近にいれば心強いですが、なかなかそうはいかないのが現実です。本書では、OM氏のアドバイスをより詳しく解説していきます。私のこれまでの経験なども紹介していきますので、併せて参考になればと思います。

まず、質問です。

問い 1

あなたの会社やチームの組織は、あなたが目指したい組織を10点としたら何点ですか？

10点中（　　　）点

「目指したい組織の定義がわからないと、判断できない」という人もいるかもしれませんが、まずは感覚で考えてみてください。

いかがでしょう？　何点でしたか？

10点満点なら本書を手に取ることはしないでしょうから、3点～6点くらいの人が多いのではないでしょうか。

次に、満点にならない理由を考えてみましょう。今の組織の現状課題をリストアップしてみてください。こちらも直感的に、思いついた言葉を記入してください。

問い 2

あなたの会社やチームの現状の組織課題は？

・・・

いくつぐらい出てきたでしょうか？

たとえば、次に示す言葉に近いものもあったのではないでしょうか。

「社員に当事者意識が感じられない」

「会社のミッション・ビジョンが伝わっていない」

「成長スピードが遅い」

「部門間の情報共有がなされていない」

「若手社員がなかなか育たない」

「自発的に動く社員が少ないように思う」

「社員間のコミュニケーション不足が気になる」

これらの言葉は、私が支援している会社のリーダーたちから出てきたものです。支援を始めた初回の会議で、必ず［問い2］の質問をするのですが、会社のステージ・社員数などはバラバラでも、組織課題は驚くほど近い内容ばかりでした。どれも会社にとっては重要な課題に感じられますね。

次に、こうして出てきた課題の「本質的な要因」を考えてみましょう。

なぜ、それらの課題が生まれてしまうのか、より根本的な原因まで掘り下げて考えてみてください。

問い 3

あなたの考えた組織課題の本質的な要因は何だと思いますか？

・・・

どうでしたか？
この質問は難しかったと思います。今まで、組織課題についてそこまで深く考える機会はなかったかもしれません。その時々に起こっている現象に対して、緊急的・表層的に対応せざるを得ない場合も多かったのではないでしょうか。

実は、**この質問の答えこそが、本書のテーマである〝全員経営者マインドセット〟に向けた重要な足がかり**です。その要因をしっかりとつかむことで、確実に、本質的に組織を強くすることができるようになるのです。

ただし、ここではあえてその答えを伝えずにおこうと思います。なぜなら、単に言語化されたものを〝答え〟として認識するだけでは、表層的な知識にしかならず、かえって理解を深める妨げとなる懸念があるためです。

ぜひ、皆さんが考えた組織課題の本質的な要因と、これから解説する内容を比較しながら本書を読み進めてください。**問いに対する仮説検証を繰り返すことで、課題の本質をより深く理解し、自分のものとして定着させていくことができるはず**です。

2

MS MATRIX STRATEGY

会社の成長に不可欠な4要素

組織課題の本質的な要因を深く掘り下げる前に、「会社の成長に不可欠な要素」について考えていきます。これはとても原理原則的なことです。組織に関する話を進める上でとても重要なことですので、「何を今さら」と言われてしまいそうですが、それも承知で触れたいと思います。

ここでまた、質問です。

問い 4

会社やチームの成長に必要不可欠な要素が4つあるとしたら、それは何だと思いますか？

4つ以上あるという人は、「最も重要だと思うもの」を4つ挙げてみてください。

皆さんの頭の中にも、いろいろな言葉が思い浮かんだと思います。

では、それらの関係性を表すために、下の図を使ってみてください。先ほど考えた4つの要素をこの図に当てはめるとしたら、それぞれどの「????」の場所に当てはまりますか？

うまく収まったでしょうか？

ここで、私が普段この図に当てはめている4つの言葉を紹介したいと思います。

私は、**会社が成長していくには、「ミッショ**

会社の成長に不可欠な4要素

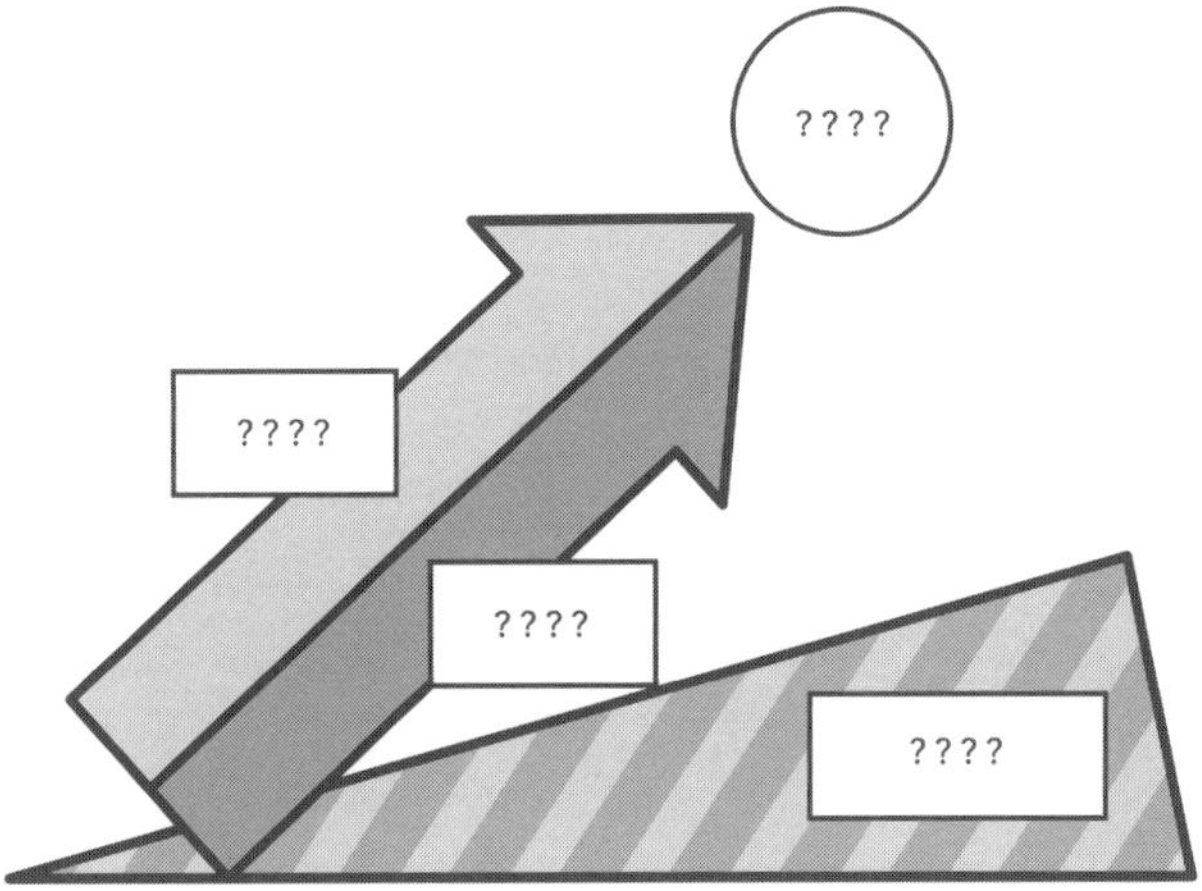

ン・ビジョン・中期目標」「戦略力」「組織力・人材力」「市場創造・イノベーション」の4つが必要不可欠だと考えています。どのような関係になるかは、次ページに紹介しています。

もちろん、この4つの要素はあくまで私の定義で、正解・不正解という話ではありませんが、ガリバー時代や、現在多くの企業を支援している経験から、私としては実感としてしっくりくる要素ではあります。

皆さんも知っている言葉だと思いますが、それぞれ簡単に説明します。

①ミッション・ビジョン・中期目標

まず、会社には、その存在意義である「ミッション」、中長期的に目指すべき「ビジョン」、そしてマイルストーンとしての「中期目標」が必要です。これらがないままに進んでも、ゴールがはっきりしない船が蛇行してしまうように、会社が正しいと考える方向に素早く進むことは難しいと考えます。

②戦略力

顧客により良い価値を提供し、自社を選んでもらうことで、市場競争に勝つための策略です。

③組織力・人材力

これが本書のテーマですので、市場創造・イノベーションのあとで詳しく説明します。

④市場創造・イノベーション

新しい価値を生み出し、市場を創り、大きくすることです。そのためには非連続の技術革新が必要であり、それは普通の会社と劇的に成長する会社を大きく隔てる要因ともなるのです。

私は、この4つの要素の中でも、「組織力・人材力」は、「戦略力」と両輪をなして、会社の成長を推進していくために非常に重要だと考えています。解説したいことはたくさんありますが、ここでは「組織力・人材力」にフォーカスして話

会社の成長に不可欠な4要素

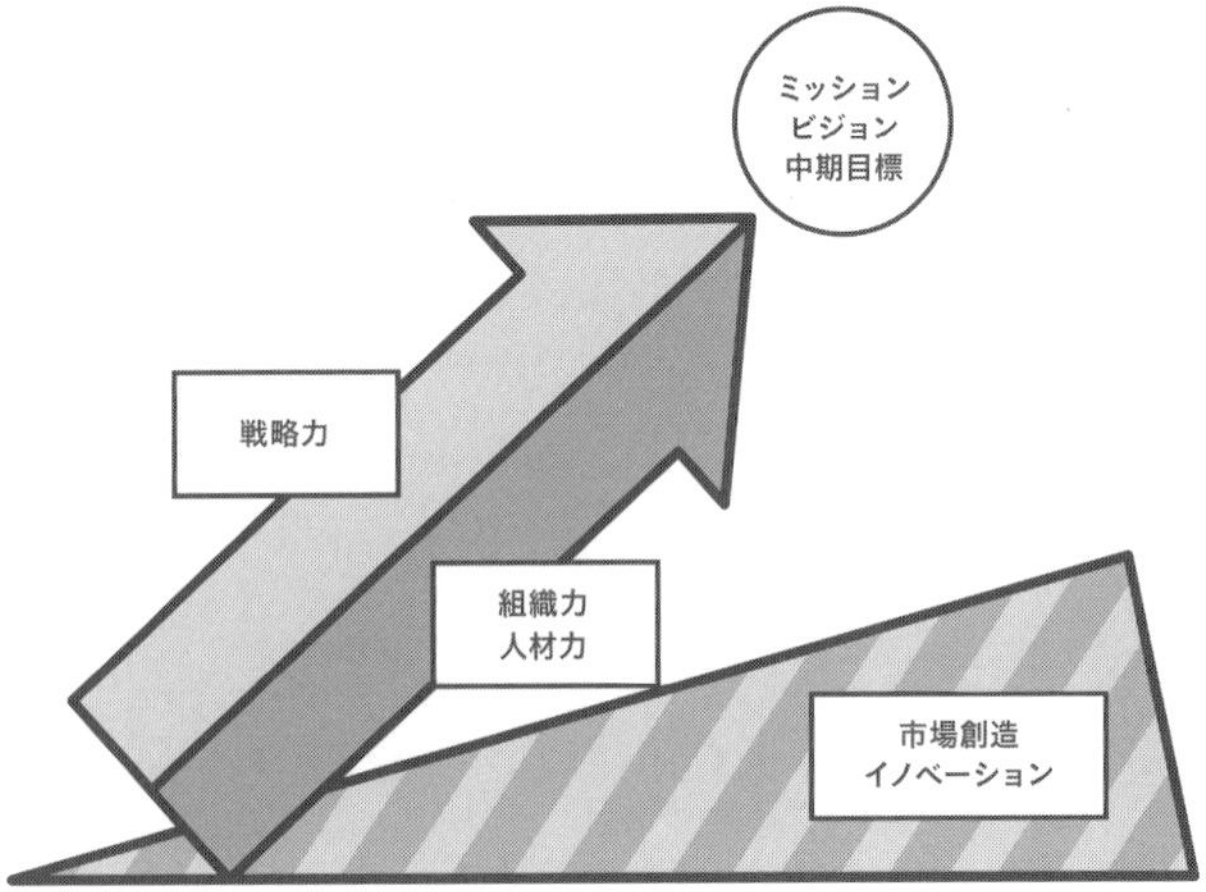

を進めていきたいと思います。

会社のミッション・ビジョン・中期目標を達成するために、すべての会社に戦略が必要であることは言うまでもありません。しかし、思い通りに事業戦略が実現していかないことが多いのも事実です。どれほど素晴らしい戦略を立てたとしても、その戦略を現実に自社で実行できるかどうかで、勝敗は左右されてしまいます。

では、戦略を実行できるかどうかは、何で決まるのでしょうか?

私はそれを、本書の重要なテーマである「組織力・人材力」だと考えています。

組織としての力がなければ、企業は成長できません。もちろん、優れた「工場」やそこから生み出される「プロダクト」、あるいは「プログラム」や「アプリケーション」が会社の成長に不可欠なのは間違いありません。しかし、これらをつくるのも売るのも、「人」や「組織」なのです。

ＡＩ（人工知能）の影響力が大きく増している昨今でも、そのＡＩのアルゴリズムや応用機会の創出には、まだ「人」は必要不可欠です。それらもＡＩでまかなえてしまうＳＦのような未来がくるのかどうか、私には予測できませんが、ＡＩでは代用できない部分が必ず残ると思うのです。

私を訪ねてくる多くの経営者やリーダーは、この「組織力」に関して、何らかの課題感を持っています。

日本の企業経営者といっても、中小企業経営者、ベンチャーや急成長企業の経営者、そして大企業の経営者と、規模やタイプもいろいろあります。しかし、規模やタイプにかかわらず、そもそも「組織力」の重要性をあまり認識していないケースをよく見かけます。業績を上げることに注力するあまり、本質的な組織へのアプローチがおざなりになっている場合も多いのではないでしょうか。

組織力の重要性に関する見解もさまざまですが、私は、**強い「組織力」がなければ、優れた戦略も実行することができず、市場創造も成し遂げられないと考えています。**これはガリバーの役員時代に身をもって感じたことで、在任中は組織力の強化を積極的に実践しました。

また、ガリバーにいるときは、それが当たり前のことだったのですが、外で多くの企業を見て、「組織力」が疎《おろそ》かになっている会社の多さに驚きました。

いえ、本当は「何とか組織力を発揮したい」と考えてはいるものの、その本質、原理原則とはかけ離れた施策によって、効果的に「組織力」を発揮できていないのが現実なのだと思います。

たとえば「当事者意識」や「ミッション・ビジョン」がいかに重要か、経営者以外の人たちにも十分伝わっているでしょうか。また、「組織力」を強化する大切さを、何人のリーダーや社員が理解・行動しているのでしょうか。

その理解が十分に行き渡っていないとしたら、まず、そこに本質的な課題の緒があると考えられます。

3 MS MATRIX STRATEGY

自社の組織の現状を知る

では、自社の抱える組織課題の本質的な要因を、さらに深く考えていきましょう。
その課題を知る鍵となるのが、OM氏がSO社長に勧めた「MSマトリクス」です。

MSマトリクスとは

「MSマトリクス」とは、タテ軸に「マインドセット」、ヨコ軸に「スキル」を置いた、**組織戦略を考える際の拠り所となる概念図**です。各軸の定義の詳細は後述しますが、これはガリバー時代の経験や今まで支援してきた会社での経験を基に編み出したものです。

とても単純な図に見えますが、この図を使うことで、自社の組織や人材を俯瞰し、成長を促すことができます。組織戦略のさまざまな課題を整理し、継続的・本質的な打ち手を実行することが可能な概念図なのです。

この図を使って、自社の現状の課題がどこにあるのかを分析し、その上で今後どのような組織を目指していくべきかを考えれば、そのために何をしなければならないかも見えてくるはずです。

問い 5

あなたの会社やチームのMSマトリクスは、どんな形になりますか？
実際にあなたの会社やチームのMSマトリクスを作成してみましょう。

本来であれば、会社やチームのメンバーと一緒に作成することが望ましいのですが、まずは本書を読まれているあなた一人で、MSマトリクスの概念や使い方を理解する目的で実行してみてください。

MSマトリクスの作成の仕方

まずは簡単に作成フローを説明します。

①MSマトリクスを準備する

本誌に添付されているMSマトリクスを切り取り、必要に応じて拡大コピーして使用してください。もしくは、模造紙などの大きめの紙かホワイトボードに、同じ内容のものを大きめに書き写すようにすると、あとの作業

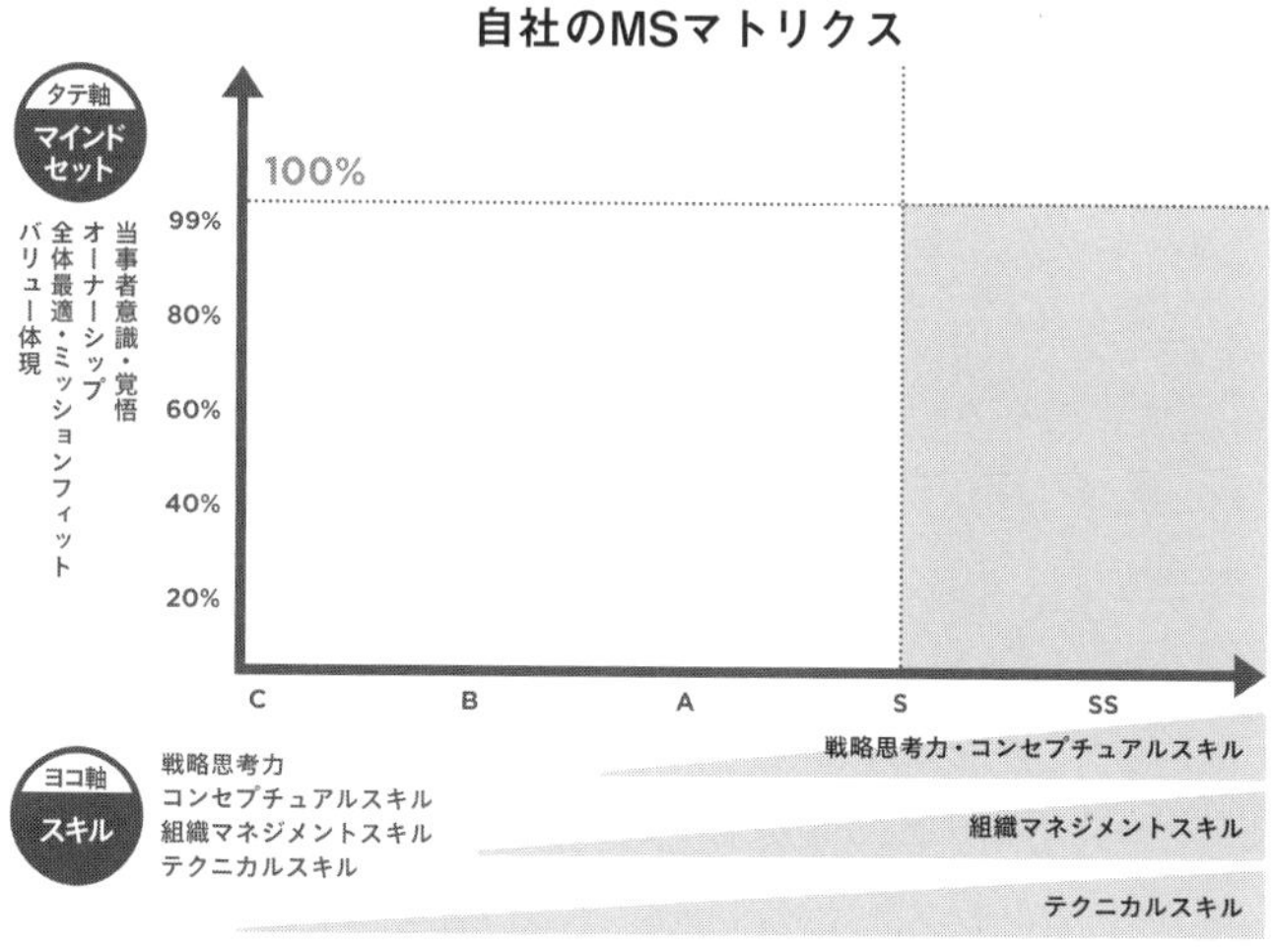

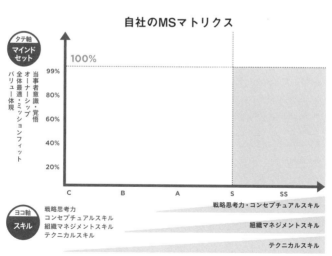

がしやすいでしょう。移動中などオフィス以外にいる場合で、大きな紙や付箋《ふせん》を用意できない場合は、本誌に添付の原本や手持ちのメモ用紙・ノートなどでも代用できます。

②付箋紙に社員の名前を書く

付箋1枚につき1名の社員の名前を書きます。社員数が多い場合は、リーダークラスと社員は主要な一部だけでも構いません。

付箋紙の色はリーダーと社員では違う色にしてください。

③MSマトリクスに社員名を書いた付箋を貼っていく

このあとに説明する「MSマトリクスの軸の定義」に沿って、それぞれのレベルに該当するところに、社員名を書いた付箋を貼っていきます。付箋がない場合は、用意したマトリクスの紙に直接、記入してください。

また、作成時のポイントは次の通りです。

・一人ひとりを完璧に正確にプロットしようとしすぎないほうが、スムーズに進みます。誰かに見せるわけでなく、人事評価にすぐに使うわけでもありませんから、気軽に直感で作成してみてください。
・タテ軸、ヨコ軸のレベルについては、社外のレベルも多少は勘案しつつも、社内の相対的なレベル差でプロットしてください。

MSマトリクスの軸の定義

社員をMSマトリクスにプロットしていく際に、判断の基準となるMSマトリクスのタテ軸「マインドセット」とヨコ軸「スキル」の定義を理解しておく必要があります。

さらに詳しい内容を第2章以降で説明しますので、基準に迷ってしまうときは、そちらを読んでから始めても構いませんが、できればここで紹介する情報レベルで一度作成してみましょう。その上で、必要によって修正していくほうが、より理解が深くなるはずです。

▼タテ軸の定義

本書で考えるタテ軸の「マインドセット」は、次の、①当事者意識、②覚悟、③オーナーシップ、④全体最適、⑤ミッションフィット、⑥バリュー体現の6つを複合的に勘案して、ざっくり判断してください。

①当事者意識

事業部や会社での課題を当事者として捉え、自分が少しでもできることを主体的に実行できているか。

②覚悟

自分の仕事に対して覚悟を持って行動できているか。

③オーナーシップ

何事も他責にせず、「自分の人生の主人公は自分である」という自覚を持って生きているか。仕事も人生の重要な一部として捉え、「私たちの会社」というマインドと経営者視点で仕事ができているか。

④全体最適

自分や自部門の都合やメリットだけでなく、全社のミッション・ビジョン・バリューに則り、全体・中長期視点でも思考・判断・行動ができているか。

⑤ミッションフィット

会社のミッションに深く共感し、自分の目指すものとして捉えて行動しているか。

⑥バリュー体現

自分たちの会社の価値観をどれだけ体現し、それを踏まえた言動を取っているか。他の人の模範になっているか。

これら6つを複合し、どの程度体現できているか、そのレベルをパーセントで表します。

特に「当事者意識」「覚悟」「オーナーシップ」に関して、高いレベルで体現するとはどういうことであるかは、前著『成長マインドセット』を読んでいただくと、大きな概念として理解しやすくなると思います。

〈タテ軸のレベルの目安〉

- 0〜29……体現度が低く、迷いやブレーキが多く組織にマイナスの影響を与えている可能性がある
- 30〜59……体現度は平均から低めでまだ迷いやブレーキが感じられる
- 60〜99……相対的には高いが、まだ完全ではなくさらに向上する可能性はある
- 100……非常に高く、他者のロールモデルになることができ、組織に好影響を与えている

▼ヨコ軸の定義

ヨコ軸の「スキル」は、次の、①**テクニカルスキル**、②**組織マネジメントスキル**、③**コンセプチュアルスキル**、④**戦略思考力**の４つのスキルで判断してください。

①テクニカルスキル

担当業務を遂行するための専門知識や技術的な能力。

②組織マネジメントスキル

会社の経営目標に対し、経営資源（ヒト・モノ・カネ）を総合的に管理運営する能力。

③コンセプチュアルスキル

俯瞰的、複眼的に事業や課題を把握でき、ステップ・バイ・ステップでは到達できないような解決策を見つけ出す能力。

④戦略思考力

限られたリソースで実現可能性や効果の高い施策を導き出す能力。

これらのスキルはすべて、仕事上で結果を出せるスキルを指しています。

ヨコ軸に設けたSS、S、A、B、Cの5段階のレベルは、次に示した目安を参考にしてみてください。

〈ヨコ軸のレベルの目安〉

・SS……4つのスキルのうち3つ以上のスキルを圧倒的な高さで保有し、発揮もしているレベル
・S……4つのスキルのうち2つ以上のスキルが非常に高く、社内外を通してそのスキルが評価されるレベル
・A……業務スキルだけでなく、組織マネジメントでもその役割を期待されているレベル
・B……一定レベルのテクニカルスキルは持ち、ある程度は自立して業務を行える
・C……新入社員レベルで、指示指導のもとで業務を行う

さて、準備はいいでしょうか？

組織やチームの個々の顔を思い浮かべながら、MSマトリクスを作成してみてください。留意点に書いた通り、深く考えすぎずに、まずやってみることが重要です。

そして、これが第1章最後の問いです。

問い6

MSマトリクスから、どのような組織の課題が読み取れるでしょうか？

・・・

次章以降の詳しい説明を読む前に、作成したMSマトリクスから、自社、自チームの課題や強化策が発見できないか考えてみてください。本書を読み進めながら、熟考を重ねることで、より理解も深まっていくと思います。

第2章

マインドセットの高い人、低い人とは？

〈ある経営者からの手紙〉

ＯＭ様

先日は貴重なアドバイスをありがとうございました。
教えていただいたＭＳマトリクスを作成してみて、いろいろと興味深い気づきがありました（作成した自社のＭＳマトリクスの写真も添付させていただきます）。

今までも、やる気や人間性など、スキル面以外の視点も持って社員を見ていたつもりでしたが、実際は、かなりテクニカルスキルに偏っていたかもしれません。タテ軸の「マインドセット」の考え方は、思わず「なるほど！」と声に出すほどの衝撃でした。

ただ、正直に申し上げると、まだ完全に腹落ちするには至っていません。
私の今までの感覚では、タテ軸にはロイヤリティやカルチャーフィットを置いてもいいような気がしますし、知り合いの経営者とも同様の概念で話すことが多かったと思います。OMさんのおっしゃる「マインドセット」がそれと違うことは、何となく理解したのですが、では、なぜ「マインドセット」軸で考えることが重要なのでしょうか。

また、その「マインドセット」の高さ、低さがどのようなところでわかるか、ぜひともアドバイスをお願いいたします。

株式会社ソシキオ

代表取締役社長　SO

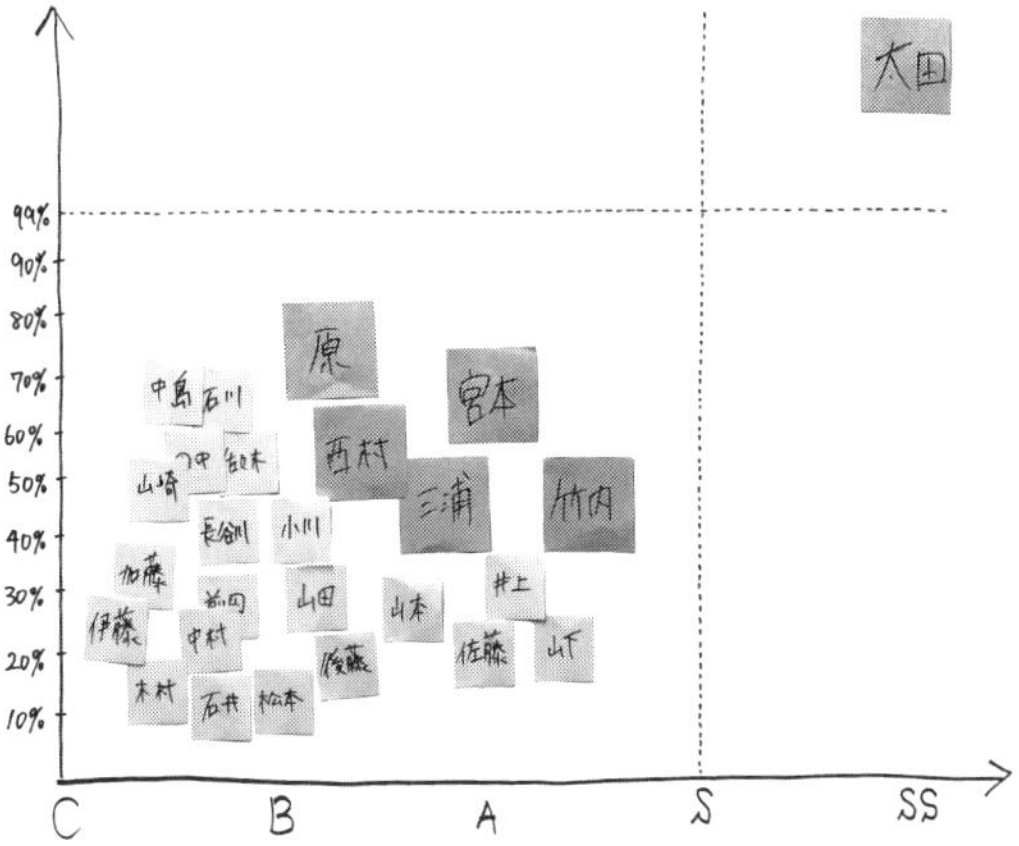

株式会社ソシキオ

SOさん

早速、MSマトリクスを試されたのですね。

このMSマトリクスを作成してみると、会社のチームや組織が抱えている課題がわかります。その課題をどのように解決していくかは、追々お伝えしていけたらと思います。

さて、お手紙を拝見すると、「マインドセット」についてモヤモヤとしておられるようですね。確かに、前回の説明だけですべてを納得していただくのは難しいかもしれません。

今回は、まず作成いただいたMSマトリクスの見方について、もう少し説明をさせてください。その後に「マインドセット」とは何か、高い人と低い人の違いなどについていくつかのヒントを用意しましたので、理解を深める一助にしていただければと思います。

OM

1

MS MATRIX STRATEGY

ＭＳマトリクスから何がわかるのか？

ＳＯ社長は、まだ完全に「マインドセット」が腹落ちしていないようですが、皆さんはいかがでしたか？　どんな形になったでしょうか？

次ページの図は、ＳＯ社長の作成したＭＳマトリクスをイラスト化したものですが、私のこれまでの経験上でも、このような形にプロットされた人が多かったと思います。

ここでまた、新たな問いを考えてみてください。

問い 7

ＭＳマトリクスを作成して、気づいたことは何ですか？

・・・

自分の作成したMSマトリクスをあらためて見て、どんな気づきがありましたか？　ここでの気づきが、今のあなたの会社やチームの課題を探るヒントになります。

参考までに、私が今までに行ったワークショップで出たものを挙げてみると、

・「マインドセット」が100％を超えた社員がいない、または少ない
・「スキル」は高いが「マインドセット」が低い社員が一定数いる
・創業メンバーの多くは「マインドセット」が高い
・当然だが新入社員や若いメンバーは「マインドセット」も「スキル」もまだ低い

SO社長の会社のMSマトリクス

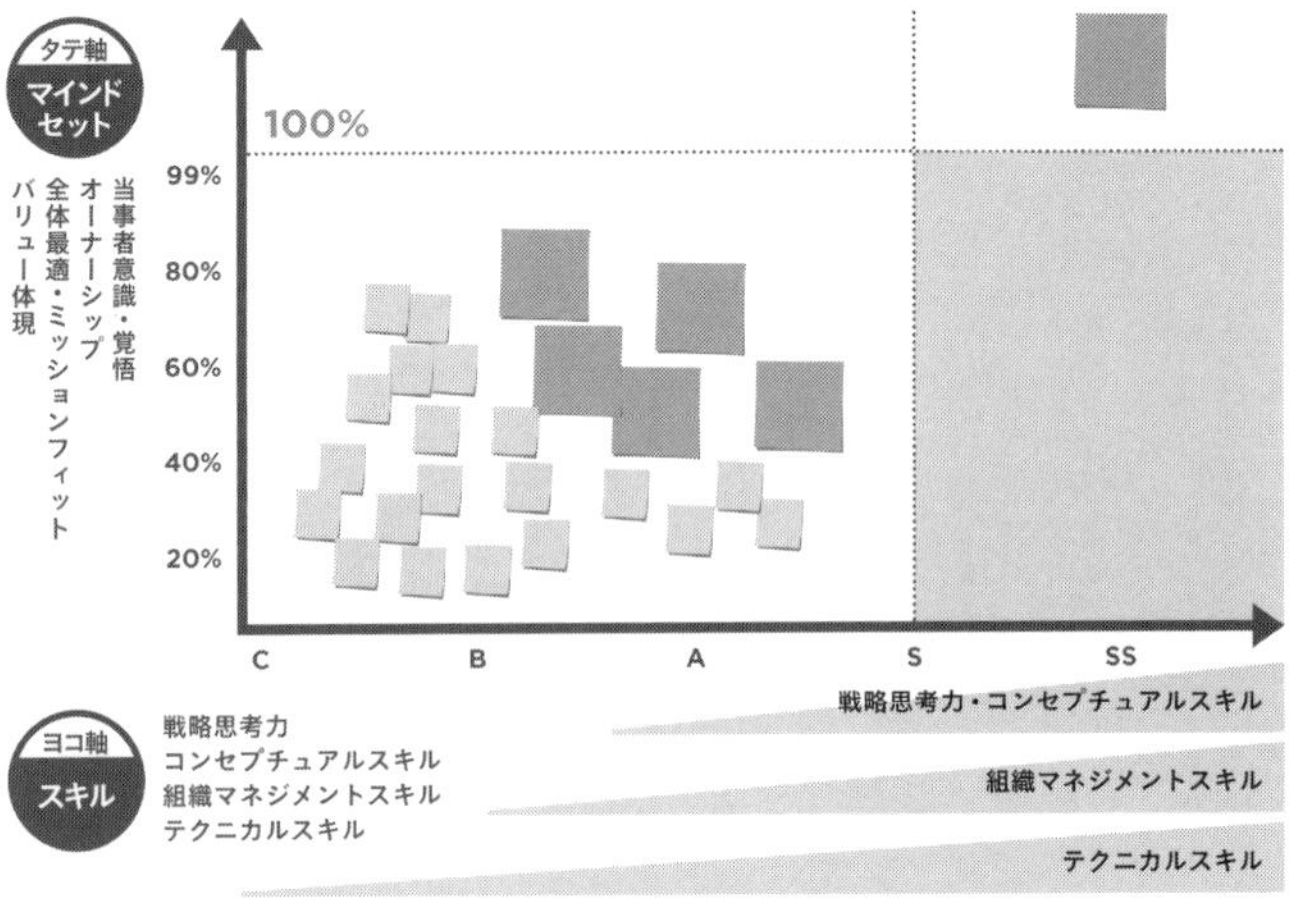

・部署ごとに傾向に違いがある
・リーダー層とスタッフ層の「マインドセット」の高さが乖離している
・社長と数名の「マインドセット」が突出していて、あとは低いゾーンに固まっている

など、さまざまな傾向がありました。

SO社長の手紙に添えられたMSマトリクスを見てみると、「マインドセット」100%のラインを超えているのは社長のみで、「スキル」は高めでも「マインドセット」が70%に満たないリーダーもいました。また、左側に固まっている人たちも多いことがわかります。

このように、自社のマトリクスの状態で、あなたの会社の組織の現状の棚卸しができます。こうした点を客観的に見直すことで、「どこに何が必要か」といった思考の整理もしやすくなるのです。

2
MS MATRIX STRATEGY

各ゾーンに見られる特徴

続いて、MSマトリクスに関して、とても重要な質問です。

問い 8

MSマトリクスのどこに社員が多く分布するのが強い組織だと思いますか？

（　　　　　　　　）に分布する社員が多いほうが強い

直接答えを聞けないのは残念ですが、ほとんどの人は、次ページの図の右上のM100ゾーン・MSSゾーンをイメージしたのではないでしょうか。この考え方はとてもシンプルで、「マインドセット」と「スキル」が高いほうが戦略の実行力も上がるし、組織にもプラスになると考えたのでしょう。もちろん、そうでない考えの人もいます。たとえば、

・社長や役員が戦略を決めて、社員を引っ張っていけばいい
・優れたリーダーがいて、部下を束ねていければ問題はない
・多様性の時代、さまざまなレベルの人がいていいと思う

といった意見もあります。

マネジメントや組織論で常に一つの考え方が正しいわけではないと承知していますが、本書では、相当数のリーダーが目指したいと考えているであろう「MSSゾーン・M100ゾーン」に人がたくさん集まる組織をモデルとします。

この組織を〝全員経営者マインドセット組織〟と名付け、どのように成立するかプロセスを伝えていきたいと思います。

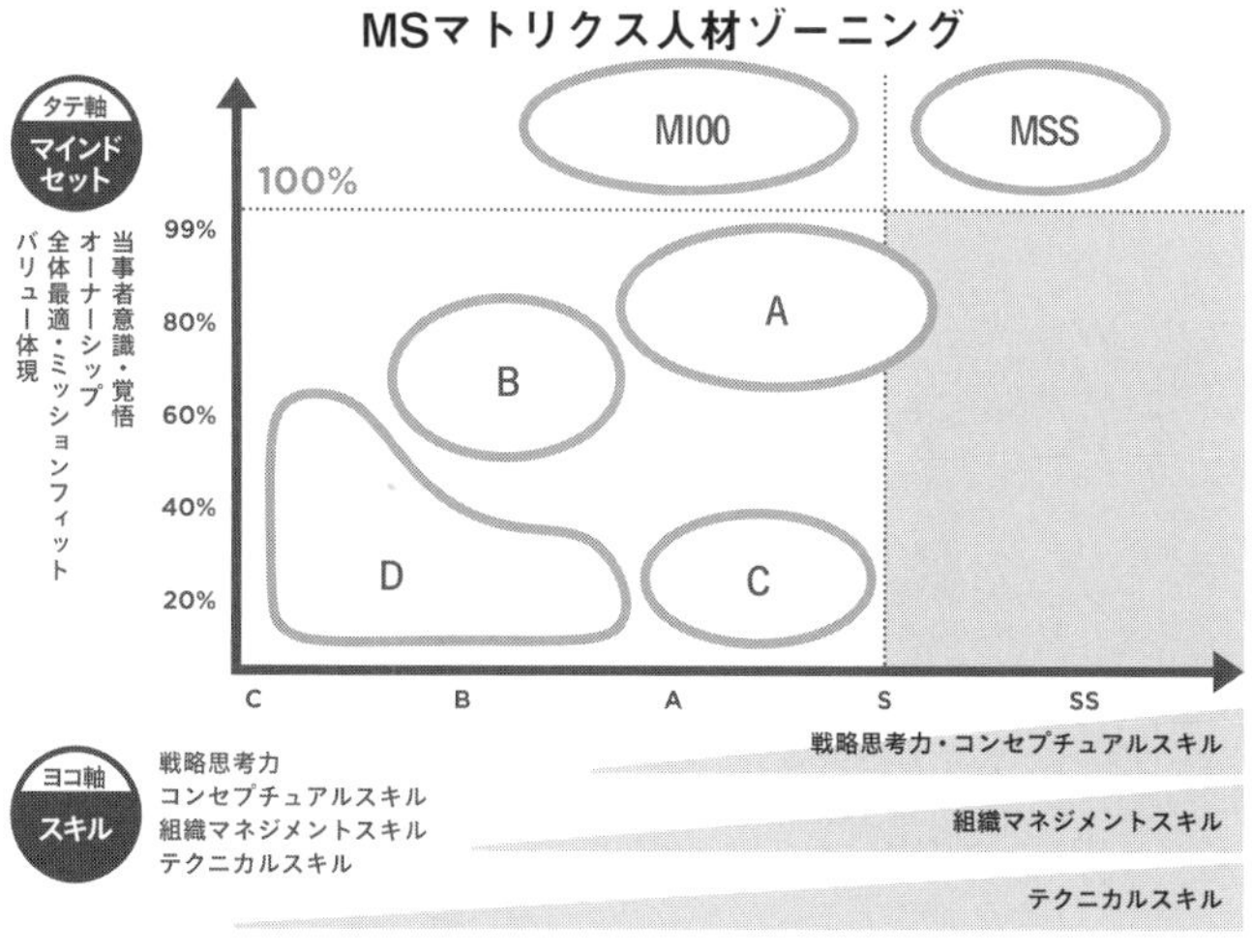

ただ、その前に、OM氏の手紙にあった「MSマトリクス」について、もう少し詳しく解説していきましょう。自分で作成したMSマトリクスと前ページの図を見比べながら読み進めるとわかりやすいと思います。

まず、どの位置に多くの社員がプロットされるかは、次のようなさまざまな要因の影響を受けます。

・カリスマ性があり、強力なリーダーシップを持つ社長が、社員を牽引している
・ベンチャー企業のように、一部の創業メンバーが突出してマインドが高い
・急成長したために、スキルの高いメンバーを中途採用で増やした
・新卒社員を大量に採用し、まだ育成が十分ではない

また、どのような要因が作用しているとしても、MSマトリクス上の付箋の集まる場所は、先ほどの図のような「6つのゾーン」に分けられ、それぞれに特徴が見られます。それらを知ることも、具体的な組織・人材戦略の立案、実行に大変役に立つと思います。

Aゾーン……「マインドセット」も「スキル」も高めのミドルリーダーゾーン

このゾーンは組織の中で、「マインドセット」と「スキル」が相対的に高めのゾーンです。レイヤーで言えば、部課長やチームリーダーなど、部下を持っている人が多いようです。

当事者意識や覚悟も、相対的には高く、業務に必要なテクニカルスキルも他のメンバーより高めです。しかし、中途採用でこのゾーンの人を採用したいと思っても、一般的には転職市場にはあまり流出しないので、**必然的に自社内での育成も重要なテーマとなります。**

Bゾーン……「マインドセット」は高めだが「スキル」は成長余地ありゾーン

このゾーンには、創業時からいる社員や、新卒から成長した社員がこのゾーンにたくさんプロットされるケースが多いかもしれません。**会社に対する当事者意識が高く、リーダーは意識の面では仕事を任せることに安心感がある**と思います。ところが一方で、高度のスキルや企画立案力が必要な際に完全に任せることはできず、頻繁にレビューや確認が必要になることが多いのもこのゾーンです。

Cゾーン……「スキル」は高いが「マインドセット」はあまり高くない注意が必要なゾーン

このゾーンは、自身のスキルアップや評価に対して非常に強いこだわりを持っている人が多い傾向があります。ただ、スキルは高いのですが、**全体最適より、部分最適や個人最適思考が**

強かったり、組織やチームの目的より、自分のこだわりを優先したりする傾向があり、組織にブレーキがかかったり、リーダーになってもチームがバラバラでマネジメント不全に陥ったりする場合があります。

スキルアップや給与条件のチャンスがあると、比較的簡単に転職する場合が多いので、転職市場でもこのゾーンの人は多く見られます。

Dゾーン……「スキル」「マインドセット」共に未熟なゾーン

主に社会人経験がほとんどない新卒社員で、これからの環境や育成指導によって、どの方向に成長するかも大きく左右されるゾーンでもあります。

M100ゾーン……「マインドセット」が100%を超えたゾーン

よく「マインドセット100%とは、どういう状態ですか?」と質問されるのですが、ひと言でお答えするのは、とても難しいものです。その点については、このあと本章で詳しくご説明をしていきたいと思います。

とにかく現時点でも言えるのは、**組織力の強化のためには「マインドセット」が100%のゾーンに社員がいるかどうかがとても重要**だということです。

ＭＳＳゾーン……「マインドセット」も「スキル」も超えた、経営者ゾーン

ヨコ軸で１００％以上を満たしているこのゾーンに位置するのは、会社の経営者や経営幹部という場合が多く、ここに至れる人はごくわずかだと考えています。

ただ、**このゾーンに多くのリーダーが集まるような組織にできれば、会社はとても強くなるでしょう。**

さて、あなたがプロットした各ゾーンの社員の傾向と、ここまで私が説明してきた内容は近かったでしょうか？

「全員経営者マインドセット組織」を目指すなら、ＭＳマトリクスの右上のゾーンに多くの社員が集まっている状態が望ましいと思われますが、「マインドセット」を上げていくには、その定義を各自がきちんと理解していることが必要です。ＳＯ社長も含め、本章で「マインドセット」への理解を深め、腹落ちした状態で次に進めていきましょう。

3
MS MATRIX STRATEGY

「マインドセット」は6つの要素の複合体

第1章で、MSマトリクスのタテ軸の「マインドセット」は、「①当事者意識、②覚悟、③オーナーシップ、④全体最適、⑤ミッションフィット、⑥バリュー体現」という6つの要素で構成されていると書きました。

すでに気づいている人もいるでしょうが、これらの言葉は、単体の言葉として成立しながらもお互いに近い意味合いを含んでいます。つまり、複数の要素が関連し合い、複合的に「マインドセット」という概念を形成しているわけです。たとえば図に示すなら、次ページの図のように6つの円が重なり合っているような図形になると思います。

「マインドセット」の要素はそれぞれに関連性があるため、一つひとつをピックアップして説明するよりも、いくつかのストーリーからそれぞれのニュアンスを感じ取っていただくほうがわかりやすいと思います。

私は、ワークショップなどで「マインドセット」をよく船と乗組員にたとえて話をします。船を会社、乗組員を自分や社員の皆さんだとイメージしてみてください。

港から船が出発したら、乗組員たちは船が無事に目的地に着くように行動します。

しかし、その船の目的地と、乗組員のイメージする目的地が異なっていたり、今の進み方では正しい目的地に着かないと考えていたらどうでしょう？　船の進んでいる方向へは行かないように、真剣に船を漕がなかったり、場合によっては一生懸命に漕いでいる人の邪魔をしたり、逆方向に漕いだりする乗組員が出てくるかもしれません。

そうすると、船はスムーズに進まないどころ

マインドセットの6つの要素

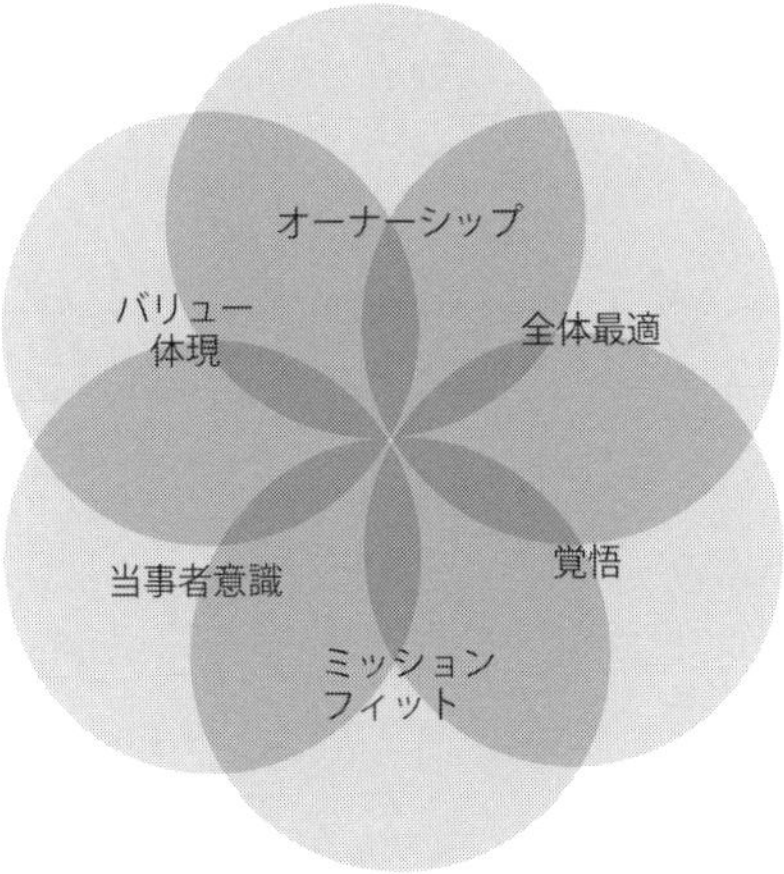

か、下手をすればどこにも到着することなく座礁してしまう可能性もあります。

私は、このような状態に置かれたときの行動にこそ、その人の「マインドセット」が表れると思っています。

・船に乗る（会社やチームに属する）とはどういうことなのか？
・真剣に目的地に向かい乗り続けることとは？
・片足だけ乗せていて、船の状況が悪くなったり、他の船から良い条件が出されたりしたら簡単に乗り移ってしまう人はどう捉えるべきか？
・船の目的地やその方向に違和感が出たら？
・船底に穴が開き、船が傾いたときにどういう行動に出るべきか？

このような状況に対しても、どう考え、どう行動するかは「マインドセット」の6つの要素が大きく影響します。

この6つの要素の複合体が強く大きい人ほど、船でいうと船長の状態に近い人でしょう。

船長であれば、これらの状況下で取るべき行動を明確に判断し、実際に行動もします。しかも船長だけでなく、多くの乗組員の「マインドセット」が船長に近いものであれば、乗客も安心してその船に乗ることができるでしょう。それこそが、「全員経営者マインドセット」の目指す姿です。

これから6つの要素に関するヒントを紹介します。これらを参考に、「マインドセット」を深掘りしていきましょう。

要素1 「当事者意識」を持つということ

まず当事者意識から考えていきましょう。あなたの会社やチームの中で、次の［事例1］のような会話を耳にすることはないでしょうか？

［事例1］

2人の社員AとBが、会議室で話をしています。どうやらAは今の会社に不満があり、転職を考えているようです。

A：会社に活気がないよね。人間関係も良くないし。

B：確かに全体的にモチベーションが下がっているね。

A：会社のビジョンや戦略もうまく伝わってないし、働く意欲も湧かなくなるよな。
B：部門間の情報共有ができてないんだよ。何だか、俺も嫌になってきたかも。

結局、2人は上司に退職の相談をするに至りました。

いかがでしょうか？　私が知る限り、程度の大小はあったとしても、ほとんどの会社でこの会話に近いものが交わされていると思います。
では、これらの会話の中で何が問題なのでしょうか？
注目してほしいのは、2人の会話の〝主語が会社〟あるいは〝主語がない〟ということです。

ここでまた、質問です。

問い 9

なぜ〝主語が会社〟や〝主語がない〟会話がされていると思いますか？

理由（　　　　　　　　　　　　　　　　　　　　）

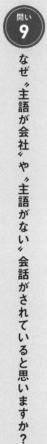

〝主語が会社〟や〝主語がない〟会話になってしまうのは、その人が「当事者」としてものごとに当たっていないからです。

事例に出てきた「会社に活気がない」という課題で見てみると、当事者意識の低い人は、事例の会話のように状況を批判し、課題を口にするだけで終わってしまいます。会社に活気がなくても自分に責任や関係があるとは思わず、自分が何かアクションを起こしても何も変わらないとも考えがちです。それが、まさに自分をそのことの「当事者」とは、まったく感じていないということです。

これが当事者意識の高い人の場合には、どうなるでしょうか。

「会社に活気がない」と感じていたら、おそらく「これを解決するために、自分には何ができるのか」を考え、行動するでしょう。たとえば、社内の空気を盛り上げるために、率先して元気にあいさつしたり、声掛けを始めたりするかもしれません。このような行動が、ものごとを「当事者」として捉えているということなのです。

では、課題を当事者として捉えない人たちが、なぜ〝主語が会社〟や〝主語がない〟話し方になるのだと思いますか？

それは、主語を自分にせず、責任の所在をあいまいにするほうが、都合がいいからです。「役員が悪い。○○さん、わかってないよ」と言葉にしてしまうのは、その課題を自分以外の誰かのせいにしていることが明らかになるばかりか、自分は何もしていないと自己申告しているようなものなのです。

「ちゃんと課題はわかっているけれど、悪いのは自分ではない」という立場でいるほうが、自分を正当化することができ、後ろめたさを感じなくて済むわけです。

社内で交わされる会話と当事者意識の高さ（マインドセット）には、下の図のような相関関係があると私は考えています。

よく言葉は〝言霊《ことだま》〟だと言いますが、その人の考えていることは、普段の何気ない会話の中にも出てくるものです。

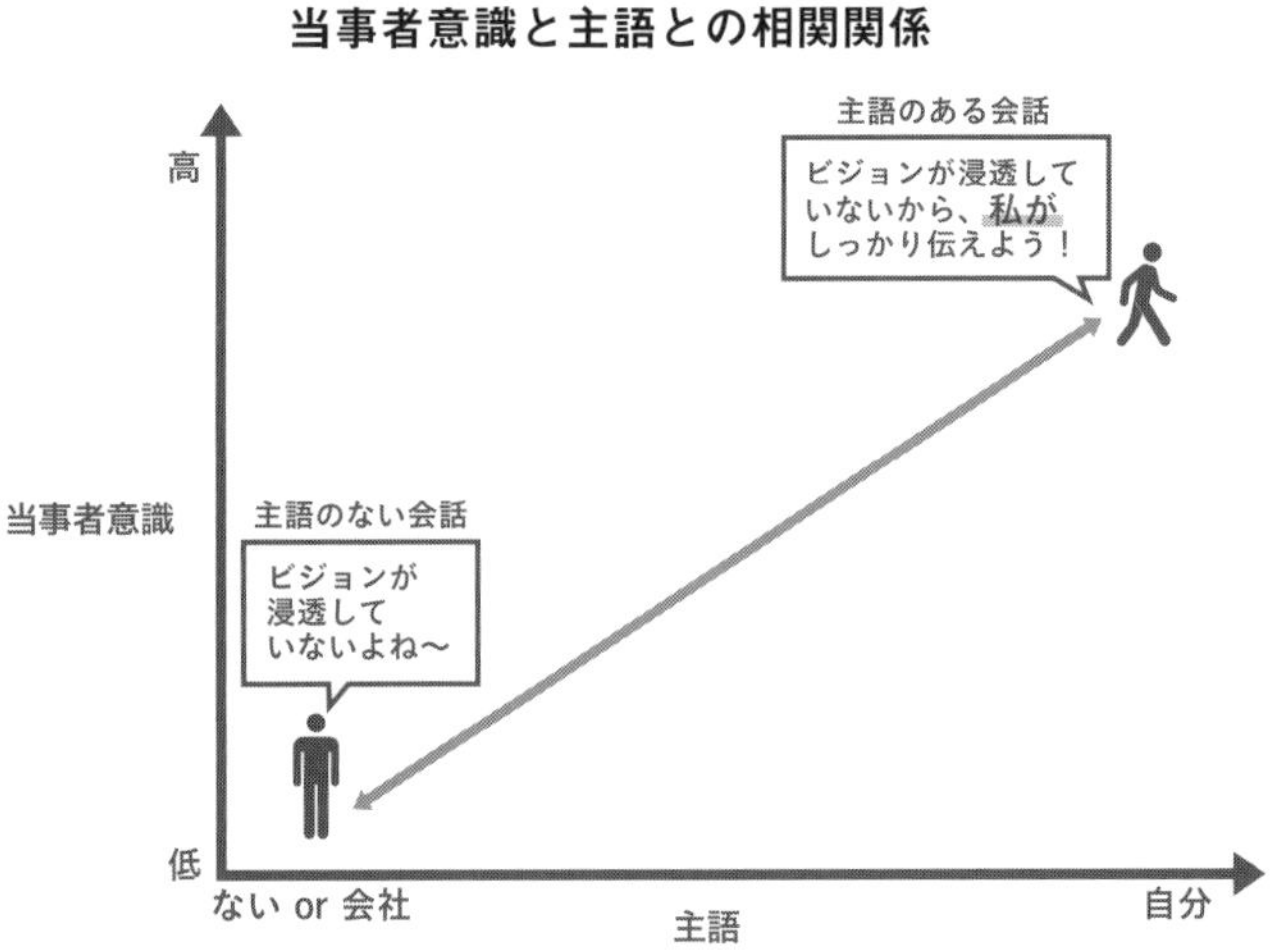

▼当事者でなければ、一体何者か？

経営者やリーダーの多くは、社員に「当事者意識を持って取り組んでほしい」と思っているでしょう。それに対し、社員は「自分は当事者意識で取り組んでいる」と思っているか、会社で完全な当事者意識を持つのは「経営者でなければ無理」と感じているのではないでしょうか。

しかし、どちらの立場でも、「当事者意識」を正しく理解している人はとても少ないように思います。

ここで、もう一つ問いを立てておきましょう。

問い10

「会社に活気がない」という課題があったとして、その責任は誰に何％くらいあると思いますか？ 次ページの表に記入してください。

この問いは、私がワークショップでもよく使うものです。前著『成長マインドセット』にも載せていますが、当事者意識を知る上でとても便利なので、ここでも紹介しておきます。

表の中の数字の合計が100であるというルール以外は、あまり深く考えすぎず、感覚的に記入してください。

ワークショップでこの表に記入してもらうと、さすがに自分の責任が0％という人はいないものの、たいていは自分の責任にあまり大きな割合を記入しません。多くの人が20％〜40％の間の数字を記入します。

この割合に「正解」はありませんが、**私は自分の責任の割合が低いほど「他責」にする姿勢が強く、当事者意識も低い傾向がある**と考えています。また「自分は当事者意識で取り組んでいる」という社員も、この問いを試みると、本人も気づかぬうちに「自分の担当業務については責任を持つが、全社の組織風土といった境界があいまいなものになると、あまり責任がない」と考える傾向があるとわかります。

では、その境界とは一体何なのでしょうか？

ケース　責任は誰に何％？

最近、「会社に活気がない」状況が続いている。この自社の課題に対し、あなたの責任割合は何％だと思いますか？ その比率を書いてください。

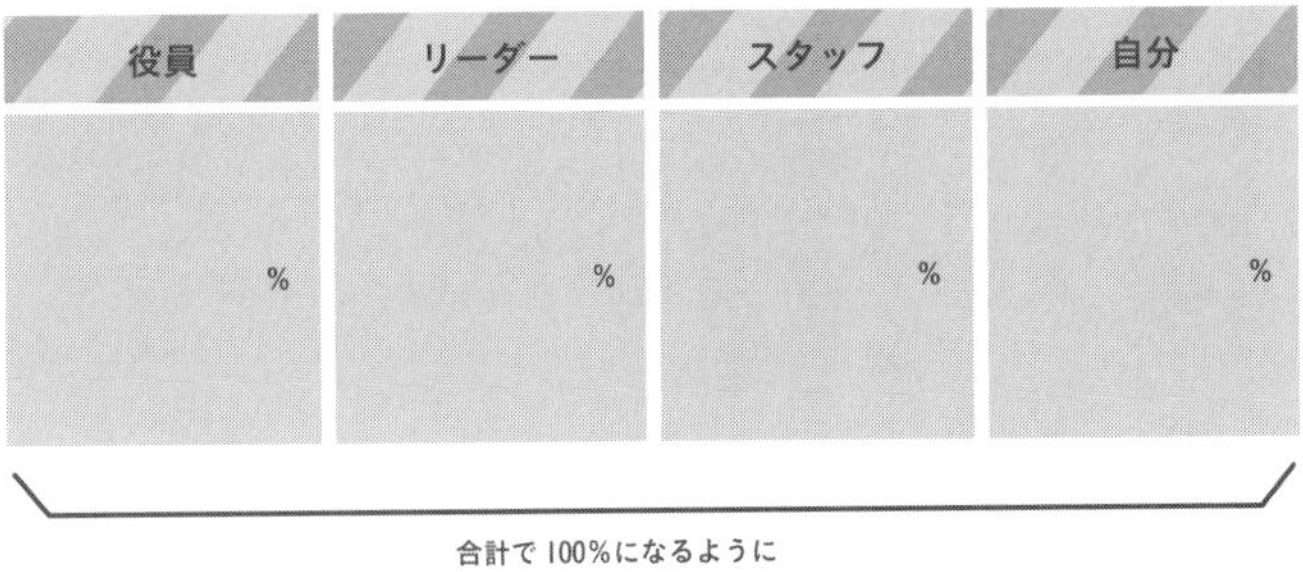

私はそれを、下の図のように「当事者の輪」「評論家の輪」という呼び方で説明しています。

前著『成長マインドセット』でスティーブン・R・コヴィー氏の「関心の輪・影響の輪」を紹介しましたが、その概念に近いところがあります。違うのは、「関心の輪・影響の輪」が、その人の影響が及ぶものかどうかで語られることに対して、「当事者の話・評論家の輪」は、その人ののごとへの姿勢によって分けられている点です。

ちなみに「評論家」という言葉を使っているのは、当事者でなく、第三者の立場から意見を言う人間というイメージが伝わりやすいからであり、職業としての評論家を蔑視しているわけではありません。

先ほどの問いで、自分の責任割合が高い人は、図の「当事者の輪」の社員に近く、自分の責任割

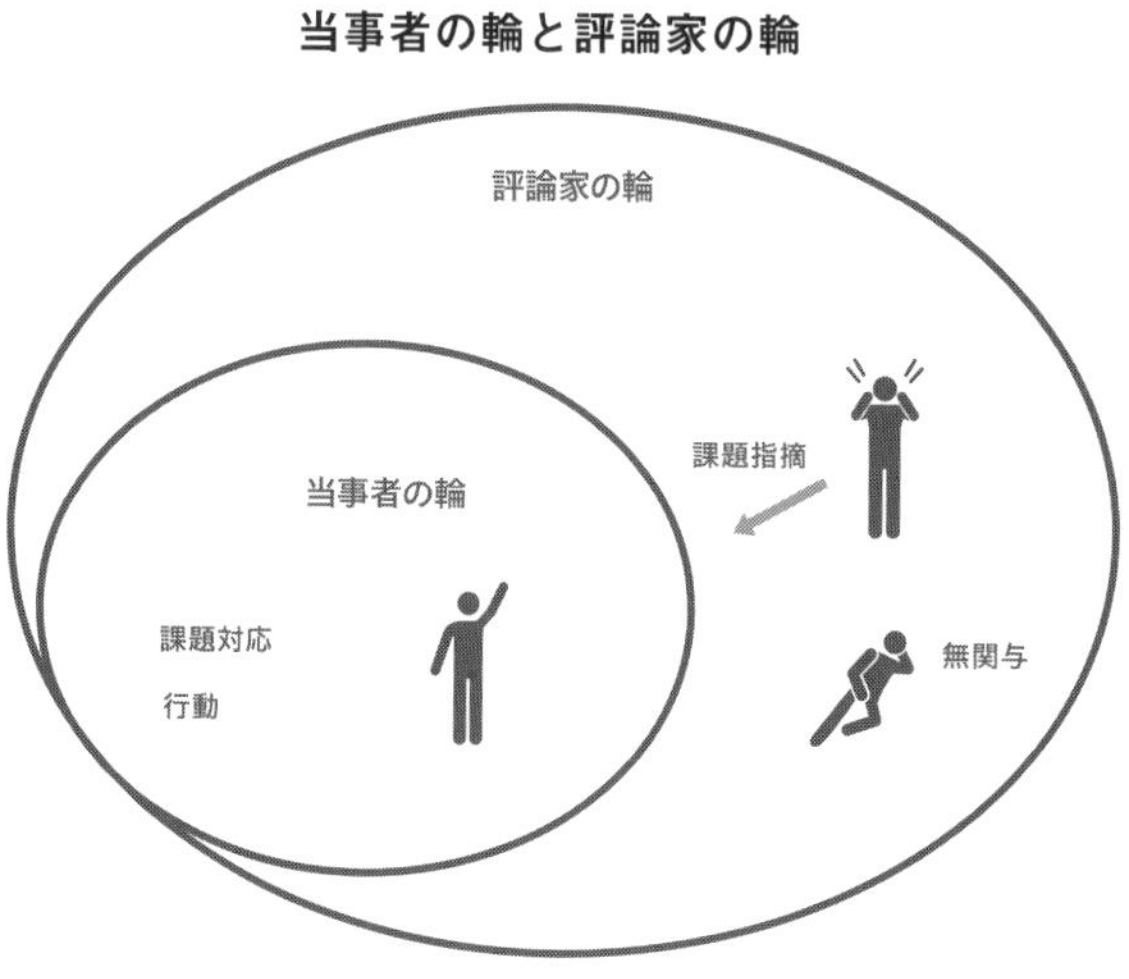

合が低いほど「評論家の輪」の社員に近くなります。挙げられた社内の課題に対して、どちらの社員も真剣に考えているように見えますが、その内容は大きく異なります。

「当事者の輪」の中にいる社員は、目の前の課題について「自分に何ができるのか」を真剣に考えます。たとえそれが些細なことでも、課題解決に自分のこととして取り組んでいきます。

一方、「評論家の輪」の中にいる社員は、外側から課題を指摘しているにすぎません。実際には当事者の一人のはずですが、無意識に自分を蚊帳の外に置いているのです。そして、課題を自分の問題として捉えていないため、**自ら解決のアクションを起こそうとはせずに課題の指摘や意見を言うにとどまります。**課題解決に取り組まなければ、そこからの進歩や発展も望めません。このような社員が多いほど、会社の成長は難しくなってしまうわけです。

あなたの会社では、〝主語が会社〟の会話や〝主語がない〟会話は行われていませんか？ もし心当たりがあれば、当事者意識についてもう一度考えてみる必要があるでしょう。

また、当事者意識を組織に定着させるには、経営幹部やリーダーが率先して、この思考と行動を実践することが大切です。

当事者意識70％のリーダーが40％の部下に「当事者意識を持ったほうがいい」と言っても、部下からすれば五十歩百歩にしか感じられません。反対にリーダーの残り30％の他責部分に目が行き、「リーダーだって他責にしているところがあるのだから、レイヤーが下の自分が他責にするのは当然じゃないか」と口には出さなくとも、そういう行動になるのは目に見えています。

要素2　ブレーキを踏まない「覚悟」をする

では、なぜ「評論家の輪」にいる社員の当事者意識が上がっていかないのでしょうか。そのことを「事例2」で考えていきたいと思います。

[事例2]

Cさんは新規事業プロジェクトメンバーに選出されました。事業プランのコンペにCさんも企画案を出したのですが、別のDさんの企画が採用されました。同じ時期に他社がスタートした企画は、Cさんの企画にとてもよく似たものでした。

C：やっぱり、僕の考えた企画のほうが良かったじゃないか。
同僚：本当ね。でも、会議で決まったんでしょ？
C：そうなんだ。コンペのぎりぎりまで一生懸命に考えたし、会議でも最後まで、自分の案がいいですって頑張ったんだけど、Dの案に決まっちゃったんだ。
同僚：それは残念だったわね。新規事業は会社にとって、とても重要だから頑張ってね。

その後、新規事業部ではDさんの案を具体的に推進することが決まり、本格的にスタートしたのですが、思うように良い結果が出ずに、難航していました。
Cさんは「自分の案のほうが良かったのに」という思いが消えず、Dさんの案に積極的に取り組めないまま、だんだんとやる気も落ちてしまいました。

もし、あなたがCさんのような状況に置かれたら、「私の案が採用されていたら、もっとうまくいったはずだ」と考えたりはしないでしょうか？

そもそも社内会議で決まったものを、「自分の案」「他人の案」と分けて考えること自体にも問題はあるのですが、その点については特別章の「弁証法的会議法」で詳しく説明します。ここでは、「自分の案が良かったのに」「他者の案でうまくいっていないのは、自分には何の責任もない」という感情が働いてしまうという部分に着目してください。

ものごとが自分の思い通りに進まないと、人の心の中には不満や悩み、迷いが生まれます。こ

うした心の中がモヤモヤとした状態は、人の行動に無意識の「ブレーキ」となって作用します。

しかも、「どうせ自分の案じゃないし」「この案ではうまくいきっこない」という意識では、前向きな姿勢で取り組むことができませんし、「当事者意識100%」とはならないでしょう。

これはあくまでも一例ですが、仕事をしていれば、自分の思い通りにならないことは、ほかにもあるはずです。自分の夢やビジョンに向かって邁進している経営者は、こうしたブレーキをあまり感じないかもしれませんが、社員の中には、こうしたブレーキを踏んでいる人は少なからずいます。それがどのように行動に作用するかを、次ページの図を使って説明していきましょう。

私は、人が人生の節目節目で悩み・決断を繰り返していくことを、「人生の三叉路体験」と呼んでいます。

本当は一度「こうしよう」と決断したら、図の下側のように、アクセルを踏んで進んでいけたらと思うのですが、モヤモヤを引きずったままでいると、図の上側のように、道の途中でブレーキを踏んでしまうのです。本人はそんなつもりはなくても、アクセルとブレーキを両方一緒に踏むような矛盾を抱えていると、どうしてもパフォーマンスが落ちます。また無理をしてそれを長く続けていると、その人自身が故障してしまう可能性もあるのです。これでは、せっか

人生の三叉路体験

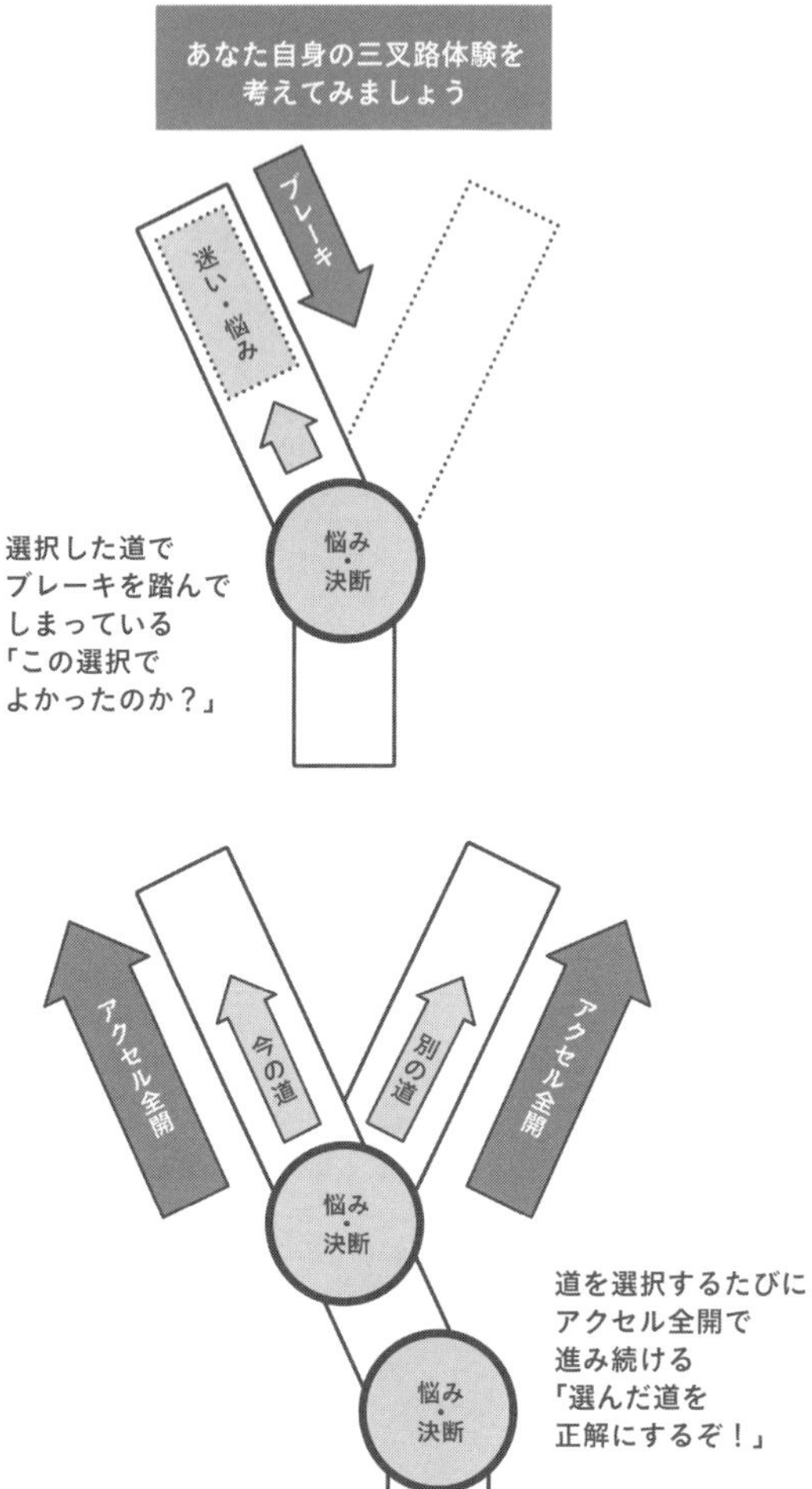
あなた自身の三叉路体験を
考えてみましょう
ブレーキ
迷い・悩み
悩み・決断
選択した道で
ブレーキを踏んで
しまっている
「この選択で
よかったのか？」
アクセル全開
今の道
別の道
アクセル全開
悩み・決断
悩み・決断
道を選択するたびに
アクセル全開で
進み続ける
「選んだ道を
正解にするぞ！」

く決断をした意味がありません。
私たちの心の中には「見えないブレーキ」があることを、ぜひ覚えておいてください。

参考までにですが、私は、人が心のモヤモヤを感じているときに選択する方法は、主に2つに分けられると考えています。「環境スライド」と「行動スライド」です。

「環境スライド」とは、現状のモヤモヤがあるのは、自分の置かれた環境に起因するとして、**環境を変えることでモヤモヤ解消を図ろうとする考え方です。**そしてもう一つの「行動スライド」は、モヤモヤを解消するために、自分の行動を変えてみようとする考え方です。

モヤモヤを抱え、ブレーキを踏んでいる人は、「環境スライド」を選びがちになります。会社で

「環境スライド」と「行動スライド」

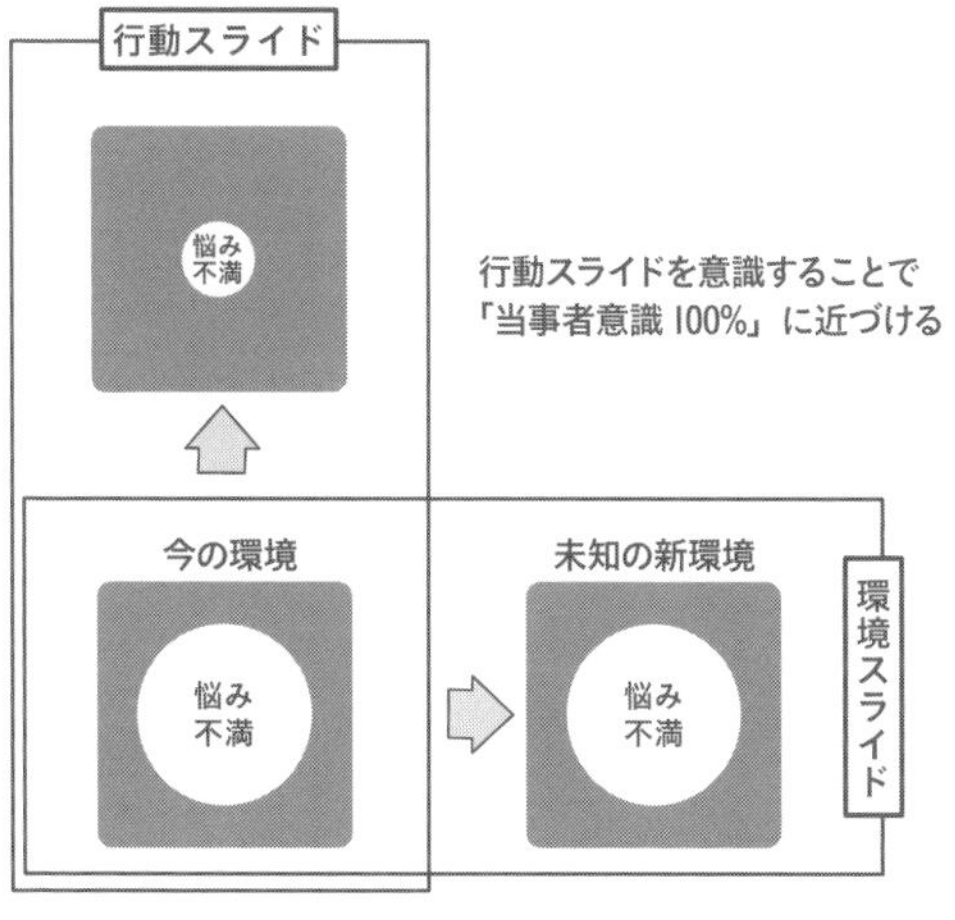

言えば、現状に不満を感じると安易に転職をしようとするタイプの人です。

しかし、そもそも思い通りの環境というのは、そう簡単に手に入るものではありません。たとえば、転居するアパートを探す場合でも、駅近の好立地で、広くて日当たりが良く、かつ低価格といった、条件が完璧な物件などないはずです。

選んだ環境の中で、良いところを探したり、環境に適応したりすることは、仕事でも住まいでも必要で、「環境スライド」だけでは、不満からくるブレーキが消えることはありません。

現状の悩みや不満に対して、自分の問題として向き合い、「行動スライド」を意識することで、最終的に悩みブレーキを減少させて、「当事者意識100%」に近づくことができると考えられます。

▼ブレーキに気づき、踏まない「覚悟」をする

では、そのブレーキを踏まないようにするには、どうすればいいでしょうか?

前述のように、まずは、「自分がブレーキを踏むべきでないところで、ブレーキを踏んでいる」ということに気づくことが大切です。

心の中のモヤモヤは、目に見えるものでもなく、本人でさえ、それが自分の前進する足を引

っ張っていることに気づかない場合が多いのです。リーダーは、先ほどの三叉路の図を使いながら、社員の皆さんとブレーキの存在を共有してみてください。

そして、ブレーキを外す次のステップが、**ブレーキを踏まない「覚悟」をすること**です。

そもそも**自分が「当事者意識１００％」かどうかは、他と比較して評価するものではなく、自分自身が決めること**です。ブレーキを踏まないほうが、自分の人生に取ってプラスであると考え、「よし、ブレーキを踏まないようにしよう」と「覚悟」を決めて行動すると、前に進みやすくなるはずです。

もちろん、そうわかったとしても、すぐに実行するのは難しいかもしれません。あなたの会社やチームにも、ブレーキから足を離すのを躊躇する人がいるのではないでしょうか。ですが、そんな人も、ある程度の期限を区切ることで「覚悟」を決めやすくなるものです。たとえば、「とりあえず、２年間はブレーキを踏まずにやってみたら？」と促すのはどうでしょうか。一生をかけて決断するのは、かなり重いことですが、期間限定ならハードルが低くなりますし、たとえ短い間でも、全力でものごとに取り組んだ経験は、必ず人生のプラスになるはずです。

さらに、もう一つ注意が必要なのは、**リーダークラスでブレーキを踏んでいる人も結構多いこと**です。リーダーがブレーキを踏んでいるのに、部下に「ブレーキを踏まないほうがいいよ」

とアドバイスしても説得力がありません。リーダー自身も期限を決めて全力を出す覚悟をし、部下と一緒に進んでいきましょう。

ここまでに紹介した三叉路やブレーキを踏まない方法は、前著『成長マインドセット』に詳しく書きました。そちらの内容も参考に、ぜひ「覚悟」を持って取り組んでください。

要素3 「オーナーシップ」を持つということ

ここで、また一つ事例を紹介したいと思います。

［事例3］

あるメーカーで、大きな製品の欠陥が見つかり、全社を挙げて対応している最中、E・F・Gの3人の社員がこんな会話を交わしていました。

E：大変なことになったな。会社のダメージも大きいし、転職を考えたほうがいいかな。
F：そうだな、この事態をうまく収めたら考えてみるかな。
E：でも、考えるなら早いほうがいいんじゃないか？

F：そうかもしれないな。

G：おい、ちょっと待てよ。この事態を乗り切れば、会社はもっと良くなるんじゃないか？

E：そうかな？ 変わらないんじゃない？

G：そんなことはないよ。この経験を活かしていけば、会社も自分たちも、もっと強くなれるじゃないか。

この事例で、それぞれの社員の「オーナーシップ」の強弱を考えてみてください。

会社のトラブルに対して、EさんとFさんはどこか他人事で、オーナーシップがあまりないことがわかります。一方で、Gさんの発言には、「この事態を乗り切るために何かをしよう」という思いが感じられます。これはオーナーシップを持って状況を考えているからです。

もう一つ、わかりやすい例として、再び会社を船に置き換えて考えてみましょう。

一隻の客船が航海に出発したとします。波も穏やかで順調に航海を続けていましたが、突然の嵐で船腹の一部に小さな穴が開き、海水が入ってきました。あなたがこの船の乗組員なら、どうするでしょうか？

「浸水が始まったのだから、もう無理。とにかく早く脱出する」
「まだ小さな穴だから、みんなで協力して穴を塞げば大丈夫」
「少しでもリスクがあれば、自分にマイナスなので、仲間も誘って脱出する」
「最後まで、船長と共にベストを尽くす」

いろいろなパターンが考えられると思いますし、何が正解というものではありませんが、どの人がより強くオーナシップを持っているかは、感じられると思います。

[事例3]のEさんのように、会社のトラブルは他人事で、早々に転職を考える人、Fさんのように、自分がどう行動すべきかで立ち止まってしまう人、そして、Gさんのように会社と自分たちを分けずに、共に成長する道を模索する人。

また、船の例の小さな穴が開いた船から早々に逃げようとする人、最後の可能性まで諦めず、船長と共にあらゆる可能性を探り行動する人。あるいは、船に片足を乗せていただけで、もう片足は他の船に乗せていて、「あちらの船のほうが良さそうだ」と思うと、ひょいと乗り換えてしまう人。オーナーシップの持ち方によって、明らかに言動や行動は違ってきます。

私は、絶対に転職したり、船を降りたりしてはいけないと言っているわけではありません。明確な理由や目的によって環境を変えることは十分あり得ます。**ただ、会社にいる限り、船に乗っている限り、会社の環境や船の状況に対して、自分がどう影響を与え、変化させられるかを考え、本気で行動することが**、仕事や人生のオーナーシップを持つということではないでしょうか。

最近、仕事と自分の人生を完全に切り分けて考える人が少なくないように感じられます。その考え方を否定するつもりはありませんが、「仕事も人生の大切な要素」と考えると、自分の仕事にオーナーシップを持てない人が、自分の人生にしっかりとオーナーシップを持てているのかは、疑問に感じざるを得ません。

仕事も人生も、「オーナーシップをどう持つか」を決めるのは自分自身です。ただ、より強いオーナーシップでものごとに取り組むほうが、人生の気づきや学びが多く得られるのではないでしょうか。

要素4　「全体最適」の視点を持つ

続いて、「マインドセット」の要素として挙げられるのが、「全体最適」です。

ものごとの一部分や細部だけに気をとられると、全体を見失ってしまうことを表す「木を見て森を見ず」ということわざがありますが、まさに全体視点、全体俯瞰の重要性を表している言葉だと思います。

こちらも、事例を紹介しましょう。

［事例4］

ある企業で、人事評価制度の改定があり、営業部に所属する2人の社員がこんな会話をしていました。

H：今回の評価制度の改定の内容、読んだ？　俺たち営業部に不利な内容だと思わない？

I：そうだね、業績のような定量評価だけでなく、バリューの体現のような定性評価の比率が上がったみたいだね。

H：定性的なものって、公平に判断できないよね。結局、こんな制度をつくっても、上司の感覚次第でしょ。営業部のモチベーションはガタ落ちだよね。

I：でも、この改定で、「数字で見える結果以外のプロセス」も評価されやすくなったんじゃないかな。営業部以外の人たちのことも考えると、こういった評価制度もあったほうがいいと思うけどな。

この事例で、Hさん・Iさんのどちらの社員が「全体最適」の視点を持っているのかは明白ですね。

Hさんは自分の部門のことだけを考え、自分が評価されればいいと思っています。一方で、Iさんは営業部以外の人の視点や立場でも評価制度の改善を考えています。

あなたの会社やチームはどちらが多いでしょうか？

違う事例で言えば、過度に部門の立場で判断してしまうケースがあります。会社の法務担当者に法律的な課題の検討を依頼しても、「それは、法律上できません」と頑《かたく》なな返答しか戻ってこないことは、あらゆる部門であり得ます。「かなり難しいかもしれませんが、解決策がないか徹底的に対策を考えてみます」と全体最適の視点で考えれば、新たな可能性が見えてくるかもしれません。

このように、部分最適が会社に蔓延すると、部門の都合が優先され、顧客価値や中長期の視点を失い、負のスパイラルに陥ってしまいます。いわゆる「セクショナリズム」や「大企業病」ですね。

もちろん、部分最適が一方的にダメだということではなく、全体最適の中で部分最適も可能な限り追求するバランス感覚が大事だということです。

要素5 「ミッションフィット」の本質を理解する

「マインドセット」の要素である「ミッションフィット」を理解するために、会社のミッションの定義を明確にし、そのあとで私が考える「ミッションフィット」の2つの意味を考えてみましょう。

▼ミッションとは

会社のミッションとは「使命や目的、存在意義」で、会社が何を目指して成し遂げたいのか、なぜ存在すべきなのかを示すものです。会社の最優先事項であり、全社員が基礎として深く理解する必要があります。

ミッションの例としては、次のようなものがあります。

〝世界中の情報を整理し、世界中の人がアクセスできて使えるようにする〟(Google)
〝Growing Together〟(IDOM)
〝クリエイティビティとテクノロジーの力で、世界を感動で満たす〟(SONY)
〝Bringing the world closer together〟(Facebook)

▼ミッションフィットの2つの意味

ミッションフィットの1つ目の意味は、文字通り「自分が目指したい方向性が会社のミッションと合っており、それを目指すこと」です。これは会社と個人双方にとってとても重要なことです。

しかし、ここで注意しなければいけないのは、多くの人が自分に合うかどうかだけを重視して、短絡的に自分の進路や行動を判断してしまいやすいことです。

前述の各社の例からもわかる通り、ミッションは壮大で普遍的なものなのです。そして、ミッションフィットはその壮大で普遍的なものを「永遠に追い求めること」でもあります。したがって、絶対に譲れない自分のこだわりがなければ、あまり性急に「合っていない」と結論を出さずに、本質的に判断することが肝心で、それができる人が「マインドセット」の高い人なのです。

これを踏まえて考えられるのが、ミッションフィットの2つ目の意味です。

「(社員が)会社のミッションと、自身の日常業務を正しくつなぎ、フィットさせられること」と捉えてみてはどうでしょうか。

たとえば、コンサルティング会社に勤めている人が、上司からあるレストランの厨房に入るように言われたとします。

理由を明かされずに命じられたら「なぜ、私がレストランで働く必要があるのか」と思うはずです。

しかし、そのコンサルティング会社には「クライアントの革新的な価値の創造支援」というミッションがあり、「新規クライアントであるレストランチェーンの課題を見つけ、革新的なアイデアを出してほしい」ということであれば納得できるでしょう。

同じ仕事でも、ミッションとのつながりによってまったく意味合いが変わります。

この例はわかりやすいのですが、実際の業務では会社のミッションと、個々の仕事のつながりが見えづらい場合が多々あります。

その場合、会社のミッションと日常業務の間の関連性やストーリーを感じ取る能力が必要になります。これはマインドセットの大切な要素です。

この能力があれば、ミッションに向かう途中のプロセスで、紆余曲折があっても、大局をつかみ進むことができるのです。

要素6 「バリュー体現」をしている人が会社に必要な理由

「バリュー体現」も「マインドセット」の大事な要素の一つです。

まず、バリューの体現とはどういう状態なのか考えてみましょう。

▼バリュー体現とは？

多くの会社ではミッション・ビジョンを追求する上で、どういう価値を大事にしながら行動していくべきかの規範が明確に定義されています。「バリュー体現」は、その規範に沿った思考、行動が十分できている状態を指しています。

バリューの例としては、次のように「各社が重視したい価値」をそれぞれの言葉で表現しています。

- Go Bold - 大胆にやろう　All for One - 全ては成功のために　Be Professional - プロフェッショナルであれ（メルカリ）
- 夢と好奇心　多様性　高潔さと誠実さ　持続可能性（ＳＯＮＹ）
- Quality／質　Integrity／誠実さ　Environmentalism／環境主義　Not Bound by Convention／慣例にとらわれない（パタゴニア）

▼バリューの浸透に必要なもの

ここで質問です。

問い 11

あなたの会社では、自社のバリューはどのぐらい浸透していますか？

A 社長室の額縁や壁に貼ってあるが、あまり浸透しているとは言えない

B バリューブックは配布されており、朝礼等で唱和はしている

C 社員の共通言語となっており、会話の中にも頻繁に出ている。多くの社員の行動の指針となっている

いかがでしょうか。あなたの会社の社員がどれだけバリューを体現しているかを、あらためて考えられたでしょうか。

最近では人事評価制度でも、バリューの体現度を評価基準に組み入れている会社が増えています。また、バリュー浸透のために、バリュー表彰や、バリューランチの推奨など、さまざまな制度も導入されています。それらはどれも好ましいものではありますが、私は、バリューを組織に浸透させていくためには、言語化や掲示、評価や制度だけでは難しいと考えています。

では、バリューを組織に浸透させるには、何が必要なのでしょう？

もう一つ、皆さんに質問です。

皆さんには「師」や「ロールモデル」はいますか？

ロールモデルとは、「自分にとって、具体的な行動や考え方の模範となる人物」のことです。人は誰でも無意識のうちに「あの人のようになりたい」というロールモデルを選び、その影響を受けながら成長するといわれています。

ロールモデルは、両親や兄弟、先輩、上司や偉人なども対象となり得ます。


私にも師と仰ぐ人、ロールモデルがいます。


一人はガリバー時代の上司の羽鳥兼市会長です。

会長は、ガリバーのバリューである「信念12カ条」を最も体現されていました。その12カ条の一つに「常に挑戦を忘れず」というバリューがありますが、会長はビジネスで数々の挑戦をされた傍ら、なんと65歳でアメリカ大陸をマラソンで横断し、さらに70歳でユーラシア大陸を走破したのです。

常人では想像もできない挑戦をすることで、多くの社員に対して身をもって「挑戦の大切さ」を伝え続けてくれました。

もう一人が私の実父です。父は、終戦時に当時の満州で捕虜になり、シベリアで想像を絶する過酷な抑留生活を過ごしました。その体験で「私の人生は生かせてもらったもの」という信念を持ち、我欲がなく、他者への感謝や愛情がとても深い人でした。私はそんな父から「無償の愛」「感謝」「利他」など、多くの価値観を学びました。

二人は、私にとって上司や親という関係を超えた存在であり、二人の生き方や思想から非常に大きな影響を受けています。人生観や価値観の礎ともなっています。

私は、**バリュー浸透させるために最も重要なものは、「バリュー体現度の高い生身の人間による影響」**だと思います。皆から尊敬されるバリュー体現者と、いつも会社の不満や愚痴を言ってブレーキを踏んでいる人とでは、どちらがロールモデルとして「あの人のようになりたい」と思われるかは明らかです。

バリュー体現しているロールモデルがどれだけ会社にいるかが、組織全体へのバリューの浸透の大きな鍵となります。そしてバリュー体現の浸透には、社員への強制ではなく、内発的な気づきや体験からの主体的変容が必要なのです。

4
MS MATRIX STRATEGY

「マインドセット」の勘違いされやすい内容

「マインドセット」という概念は、さまざまな要素が複合しているために、明確なイメージが湧きにくいかもしれません。そのために、時折、違う形で理解されてしまうことがあります。

ここでは、私の経験上、勘違いされることの多いパターンを3つご紹介します。「マインドセット」を正しく腹落ちさせる参考にしてください。

当事者意識100%は損ではない

065ページの「問い10」で、自分の責任割合を低く答えた人は、当事者意識も薄い傾向があるとお伝えしましたが、当事者意識が強い人でも、この割合を100%と答える人は多くありません。

私が行っているリーダー向け研修でも、「なぜ当事者意識100％にならないのか？　なれないのか？」という理由を考えてもらうワークをしていますが、その中で出てくる意見は、大きく分けて次の4つが挙げられます。

①100％になる必要性があるのかわからない
②100％とはどういった状態なのかわからない
③100％にはどうしたらなれるのかわからない
④100％になったら損をするのではないか、リスクがありそうで怖い

特に、100％になったら損をする、怖いという感情は、本人も気づいていない場合がありますが、100％になれない理由の一つになっていることは多いです。

では、ここでまた問いです。

問い12

100%になって損をすることとは、どんなことでしょうか？

・・・

「会社に利用される」「結果を求められてしまう」「一度100%になってしまうと、後戻りできない」。そんなことを挙げた人も多いのではないでしょうか。

ですが、当事者意識100%になることは、自分を失くすことでも、会社に魂を売るようなことでもありません。

会社都合で当事者意識100%になることが求められていると誤解している人が多いのですが、私がここで言っているのは、会社のパフォーマンスを上げるために、給料以上に何倍も働くこと、残業を強いられることではありません。

当事者意識100%になるとは、覚悟を持って、自分ができることを実行することです。その会社にいる間、その仕事をしている瞬間、あなたの中でベストを尽くそうという「マインドセット」のことなのです。

そうした意識を持つことで、あなたの成長につながりますし、誰かから感謝されることが増えたり、新たなチャンスに発展したりすることもあります。つまり、損をするのではなく、むしろ、人生がより良い方向へと向かっていくのです。

また、「当事者意識100％になることで、より結果を求められる」という不安を感じている人もいると思います。しかし、大事なのは、結果そのものよりも、「結果に向かってこだわりを持って仕事をする」という姿勢や行動です。

たとえば、どんなプロ野球選手でも、10割打てる選手はいません。そこで10割の結果を出せなかったからダメだとは誰も言いません。これと同じことなのです。

もちろん、当事者意識100％のほうが確率的には結果が出やすいのですが、**結果を求められることを恐れて100％になる覚悟を決めずにいると、余計に結果も出にくくなります。**まずは勇気を持って、当事者意識100％になるという覚悟を決めてみましょう。そこからがスタートです。

また、経営者のようにすでに自分が当事者意識100％になっている人から、「100％になれない人の気持ちがわからない」という話もよく聞きます。

ただ、当事者意識100％の経営者も、生まれつきそうだったわけではなく、育った環境や親からの影響、幼少期や学生時代、あるいは仕事上での試練など、何らかのきっかけによってその考え方、マインドセットが身についたのではないでしょうか。こうした人は、経験・体験から学び、早い段階から100％になるプロセスを経ていたと考えられます。

組織マネジメントとは、「自分ができることは相手もできるはずだ」と自分の考えを押しつけることではなく、相手の感情や状況を推し量り、主体的に行動変容する道筋をつけていくことでもあります。ぜひ「わからない」「難しくてできない」と断定せずに、**社員が少しでも気づきを得て、変化・成長するきっかけをつくる努力**は継続してください。

「マインドセット」はロイヤリティではない

「マインドセット」と一見は似ているもので、組織マネジメントにおいて重視されているものに、「ロイヤリティ」と「モチベーション」があります。

「ロイヤリティやモチベーションが高い人が多い組織は強い」
「ロイヤリティやモチベーションを高める施策が必要だ」
「うちの会社はロイヤリティやモチベーションを下げるようなことばかりする」

これに近い会話もよく聞きますし、手紙に登場するSO社長も、部下のロイヤリティを組織や人材の判断基準の一つにしていると話していました。

もちろん、「ロイヤリティ」も「モチベーション」も高いに越したことはないのですが、これらの高さと「マインドセット」の高さが組織に与える影響の違いを認識しておくことは、強い組織づくりにとても重要なことです。

▼「マインドセット」と「ロイヤリティ」

まず、「マインドセット」と「ロイヤリティ」との違いについて考えてみましょう。

どちらも本来、誰かに強制されたり、求められたりして生まれるものではなく、自然と自分の中にできるものです。

ロイヤリティは、ビジネスの現場では、「会社への忠誠心」を表す言葉として使われています。

会社の指示に忠実に従い、職務に尽力するという点では、経営者が会社へのロイヤリティの高さを求めるのも、多少は理解できます。ですが、この言葉には、「滅私」「自己犠牲」といったイメージ、すなわち自分よりも会社を優先するという考えが感じられます。大げさに言えば、「生涯、会社に忠誠を誓う」とか「魂を捧げる」というようなニュアンスさえ感じる人もいるでしょう。

たとえば一人のカリスマ経営者がトップダウンで会社を動かしているような場合は、とにかく指示に従ってくれる社員のほうが事業がスムーズに進むので、ロイヤリティが重要かもしれません。しかし、従属的に指示に従うような姿勢は、主体性や創造性の発揮を阻害したり、会社に依存してしまったりするリスクが高いとも言えるでしょう。

愛社精神を持つことが悪いとは思いませんが、ロイヤリティは一人ひとりの自主性を伴っていなくても成り立ってしまうため、これだけを重視すると、個の力がなかなか成長できない状態が続きます。そして、一人ひとりの力が育っていないと、会社や組織が力強く伸びていくのは難しく、会社の大きな変革期や多くのリーダーが必要なステージで、足踏みしたり、イノベーションを生み出せなかったりというジレンマに陥ってしまう可能性があります。

一方、「マインドセット」はどうでしょうか。

「マインドセット」の高い人は、それぞれが自立・自走していく力を持っています。**自分の仕事やチームに対する想い・責任感を強く持ち、会社やチームに貢献していく**ことができます。つまり、結果的には高い「ロイヤリティ」を持っている人と同様の行動を取るわけです。

一人ひとりが成長し、オーナーシップを持って行動するようになると、会社や組織はさらに力強く育っていきます。その過程では、個々の方向性や考え方に違いが生じてまとまりにくくなることも考えられますが、これは個の力が成長している証でもあります。

みんなの力を合わせて会社や組織を一つの方向に向かわせることができるかは、まさに経営者やリーダーのマネジメント力が問われるとこ

マインドセットとロイヤリティ

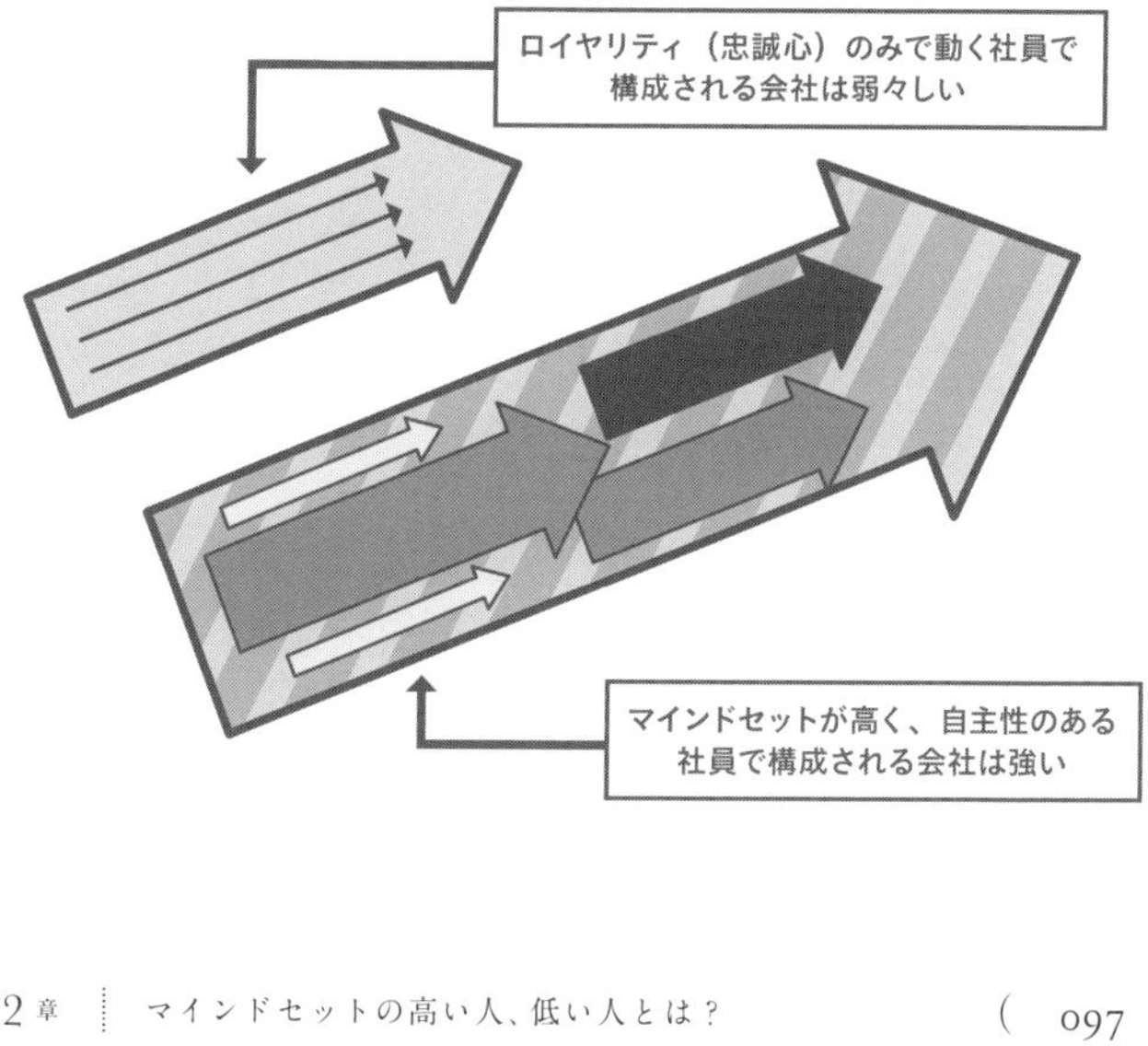
ロイヤリティ（忠誠心）のみで動く社員で構成される会社は弱々しい
マインドセットが高く、自主性のある社員で構成される会社は強い

ろでしょう。

〈マインドセットとロイヤリティの共通点〉
・自然に生まれるもの
・強制したり、求めたりするものではない

〈マインドセットとロイヤリティの違い〉
・ロイヤリティ……依存リスクがある
・マインドセット……自立している

▼「マインドセット」と「モチベーション」

さて、「モチベーション」についても、「マインドセット」との相違点を考えてみましょう。

両方に共通しているのは、「外から見たときに、強いやる気を感じられる」という点です。しかし、大きく違うのは、「モチベーション」は外部環境――たとえば昇給や、他から認められたり褒められたりといったことに左右されますが、「マインドセット」は外部環境に依存するものではないということです。

これはどういうことか、下の図を見るとその違いは一目瞭然でしょう。右のグラフは一般的なモチベーションでのパフォーマンスの変化、左のグラフはマインドセットが上がっていく過程でのパフォーマンスの変化を表したものです。

モチベーションは、外的な要因で一時的に上がっても継続せず、一定周期で上がったり下がったりを繰り返します。何かネガティブな要因が起これば、以前の状態以下まで下がってしまうこともあります。

それに対して、「マインドセット」が上がった人は、オーナーシップを持って行動しているため、外部環境で容易に元の位置まで下がることはありません。「マインドセット」が高くなるにつれて、「モチベーション」のレベルも底上げされていきます。

マインドセットとモチベーション

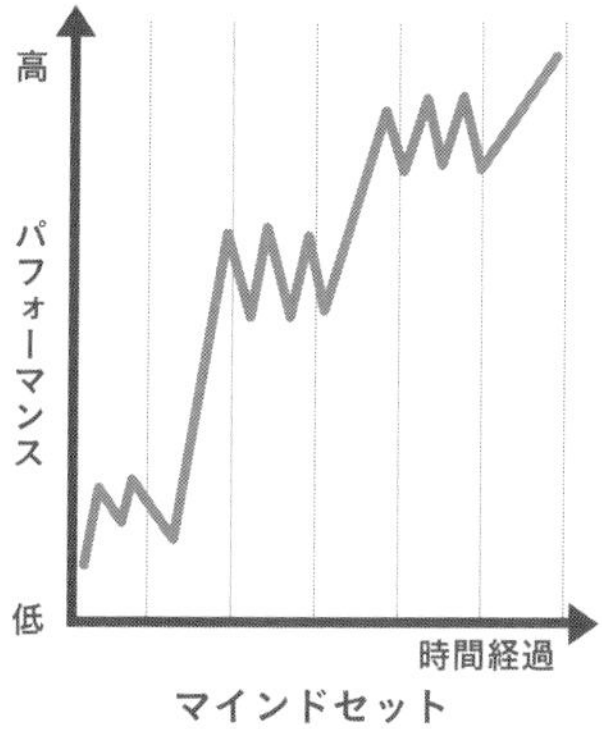
マインドセットはいったん上がれば
下がりにくいし、パフォーマンスの
ブレ幅は小さい

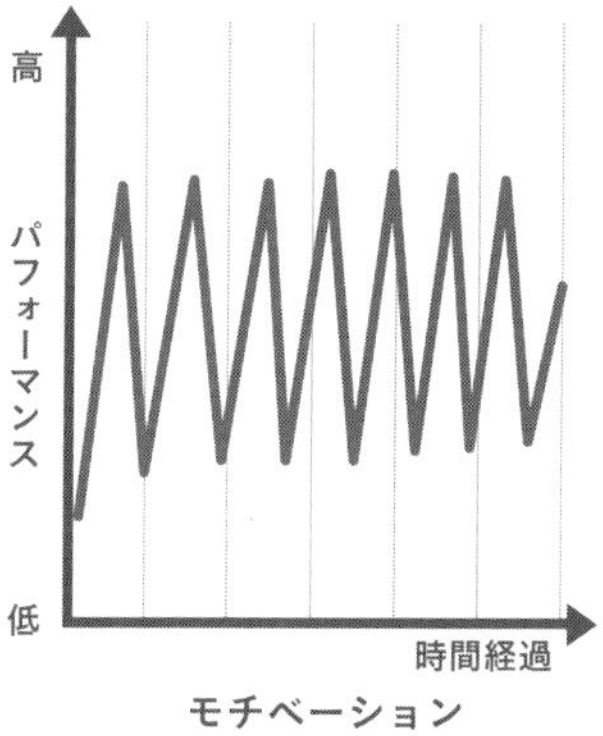
モチベーションは上がっても、
下がる可能性があり、
パフォーマンスのブレ幅が大きい

経営者やリーダーは、社員のモチベーションを上げようとして、わかりやすい給与や昇格・研修・社内イベントなどに目を向けがちですが、それだけでは持続的に意識やモチベーションを高めていくのは難しいと思います。それよりも、社員一人ひとりと向き合いながら、「マインドセット」を高める方法を考えることが大切だと考えます。

〈マインドセットとモチベーションの共通点〉

・外から見てやる気を感じる

〈マインドセットとモチベーションの違い〉

・モチベーション……上がっても元の位置やさらに下にいくことがある

・マインドセット……容易には元の位置には戻らない

「マインドセット」は時間では測れない

もう一つ、「マインドセット」を今より高くするという話をすると、「今でも頑張っているのに、これ以上、仕事のマインドセットを上げると、家庭が犠牲になってしまう」「プライベートでもやりたいことや実現したいことがあるので、仕事にそこまでコミットするのは難しい」といった声を聞くことがあります。

しかし、こうした発言をする人は、「マインドセット」の捉え方を少し勘違いしているように思います。なぜなら、「マインドセット」は、時間で測るものではないからです。

たとえば、お子さんが3人いたとして、「とにかく、末の娘の世話に時間がかかるから、上の2人には手が行き届かない」ということもあるかもしれません。しかし、だからといって、下の娘さんに対して手のかかる時間比率だけ愛情があり(たとえば80%)、上のお子さんたちへの愛情が少ない(たとえば残り20%)ということではないでしょう。物理的な手間は別として、「マインドセット」に関しては、**3人それぞれに対して100%の愛情がある**というほうがしっくりくるのではないでしょうか。

時間やお金などの物理的なものは、持っているものを100として、配分したものの合計が100を超えることはありません。しかし、物理的でない想いや情熱、愛情などは、単純に割り算で計算できるものではなく、一つひとつの質を上げることで、元々の総量自体も増加する可能性があります。

「マインドセット」は物理的な時間配分ではありません。仕事もプライベートもすべてに対して１００％ということもあり得ると私は考えています。

私は25社以上の企業の支援をしているので、１社あたりの時間で計算すると１日ほんの数十分で、全体の数％にしかなりません。しかし、時間に限りがあっても、どの会社に対しても１００％の「マインドセット」で情熱を持って本気で支援しています。

もちろん、たくさんのことを掛け持ちすればかなりきつく、一つひとつに対しての情熱やパワーが落ちる可能性があることは理解しています。しかし、そのことを強く意識してしまうと、それが言い訳になってブレーキを踏んでしまい、本来の自分が持っているフルパワーを発揮できなくなるように思うのです。

そして、それは会社の組織に置き換えて考えてみても同じです。いくつかの案件が重なって時間を取られてしまうからといって、一つひとつの案件に「マインドセット１００％」で臨めないということではないでしょう。もちろんできること、できないことはありますが、**仕事もプライベートも１００％で臨む、自分で「全力で当たるぞ」と覚悟することが大事**ではないでしょうか。

あらゆることに全力で当たったからといって、損をしたり、責任を取らされたりすることはありません。むしろ全力で臨むほど、その人の「マインドセット」や能力は大きく成長していくと思います。

個人としても「マインドセット」を高め、組織としても「マインドセット」を重視する。そして、それによって自分の関わること全体が、より良くなっていく。これこそ「全員経営者マインドセット」のベースとなる考え方です。ぜひ、皆さんでより高い「マインドセット」を目指してください。

以上、「マインドセット」について、さまざまな側面から話してきました。

理解・共感・腹落ちはできましたか？　次の［問い13］で、あらためてチェックしてみてください。

問い13

ここまでの説明を読み、理解・共感はできましたか？
現状の「理解・共感度」が10段階で言えばどの程度か、それぞれ考えてみましょう。

第3章

マインドセットは、誰から、どう向上すべきか？

〈ある経営者からの手紙〉

OM様

前回もアドバイスいただき、大変ありがとうございました。

「マインドセット」について以前より納得したと感じています。〝全員経営者〟とはどういうことかも、なんとなくわかった気がします。

また、あらためてMSマトリクスで自社のメンバーを見てみると、テクニカルスキル重視で採用した「Cゾーン」の社員が、組織に何らかのネガティブな影響を与えていることに気づきました。

実は、うまく言葉にはできませんでしたが、このゾーンの社員の存在は気になっており、何とかできないものかと思案しておりました。

自分の抱えていた課題がMSマトリクスで明確になり、彼らの「マインドセット」をどう高めていけばよいかを考えてみたのですが、残念ながら良いアイデアがまったく出てきません。彼らと個別に1ON1面談を実施してみようかとも考えていますが、業務の忙しさと、うまくできるイメージが持てないことから、その優先順位を上げるところまで至っておりません。

いつもアドバイスをお願いばかりで恐縮ではありますが、組織をより良くしていくために、注意が必要なCゾーンの社員の「マインドセット」を高めていくにはどうすればいいか、ご教授いただけないでしょうか？

どうぞよろしくお願いいたします。

株式会社ソシキオ
代表取締役社長　SO

株式会社ソシキオ

SOさん

お手紙ありがとうございます。

〝全員経営者〟のイメージもつかまれたようですね。さらに、作成したMSマトリクスから、「Cゾーン」のメンバーに着目されたのも、とても良い着眼点だと思います。

確かに、彼らは組織にネガティブな影響を与えがちなので、注意が必要だと思います。

私のところに相談に来られる経営者やリーダーの皆さんも、ほとんどが同じ悩みをお持ちです。何となく課題のあることはわかっていても、本質的な問題まで掘り下げられていないのかもしれません。

私が思うに、組織メンバーの「マインドセット」を高めていくには、いくつかのポイントがあります。

たとえば、誰から上がるのが望ましいのか、どう高めていくのか。どんな組織を目指すのかによってもそのやり方は違ってきます。それらをきちんと認識してから、具体的なアクションをしていかないと、ピントがボケた対策に終わってしまうばかりか、下手をすると逆効果となる危険性さえあります。

今回は、これらのポイントを踏まえながら、「マインドセット」を高めていく方法をお伝えしていきたいと思います。

OM

1
MS MATRIX STRATEGY
いよいよ、組織のマインドセット向上へ

MSマトリクスにおける「マインドセット」とは何かについて、完璧でなくても、少なからずご理解いただけたと思います。本章では、いよいよ組織メンバーの「マインドセット」を高めていく方法について説明していきます。

ただし、本題に入る前に1点だけ、とても大事なことを確認しておきたいと思います。それは、**「あなたは会社の組織がどんな形になることを目指しているのか？」**です。

ここまで、MSマトリクスの「マインドセット」が高く、「スキル」も高い領域、マトリクスの右上の「M100ゾーン・MSSゾーン」に多くの社員がいる組織＝「全員経営者マインドセット組織」を目指す前提で話を進めてきました。

それが多くのケースで好ましいと思うのですが、目指す組織の形によっては、このアプローチが必ずしもふさわしいとは言えない場合があります。そのため、皆さんの目指す組織の方向

と、本書でのアドバイスに齟齬が生じることを防ぐという意味でも、目指す組織の選択肢について まず考えてみてください。そして、あなたの目指す組織が「全員経営者マインドセット組織」なら、先に進めさせていただきたいのです。

また、ここで目指す形を確認することは、皆さん自身が人材・組織ポリシーに関する覚悟を再認識する機会にもなります。

第2章で、会社を船にたとえましたが、目的地を決めずに航行を続ける船はないでしょう。船長が「われわれの目的地は○○だ」と指揮をとらなければ、乗組員たちもどうすればよいか途方に暮れてしまい、最悪の場合、船は座礁してしまうかもしれません。船長という立場にある以上、船の目的地をしっかり定める必要があるのです。そして、経営者やリーダーの皆さんにも、船長と同様に、「私は、こういう形の組織を目指す」と、覚悟を決めることが求められるでしょう。その上で、社員の皆さんの「マインドセット」が上がっていくように本気で行動していただきたいと思っています。

2

MS MATRIX STRATEGY

目指したい組織の形を確認する

問い 14

次ページの図のA社・B社・C社は、それぞれ会社の組織の形を表しています。この中で、どの形があなたの会社に近いでしょうか？　そして、それはあなたの望む形ですか？

現在は（　　　　）社の形に近い

目指すのは（　　　　）社のような会社

A・B・Cの形は、感覚的に理解は可能かと思いますが、タテの上下はMSマトリクスのマインドとスキルを総合したものを表しています。スキルについては上位レイヤーに行くほど、テクニカルスキルだけでなく、組織マネジメントスキルやコンセプチュアルスキル・戦略思考力が重要になります。つまり、上に行くほどマインドセットが高く、上位レイヤーのスキルを備

目指したい組織の形は？

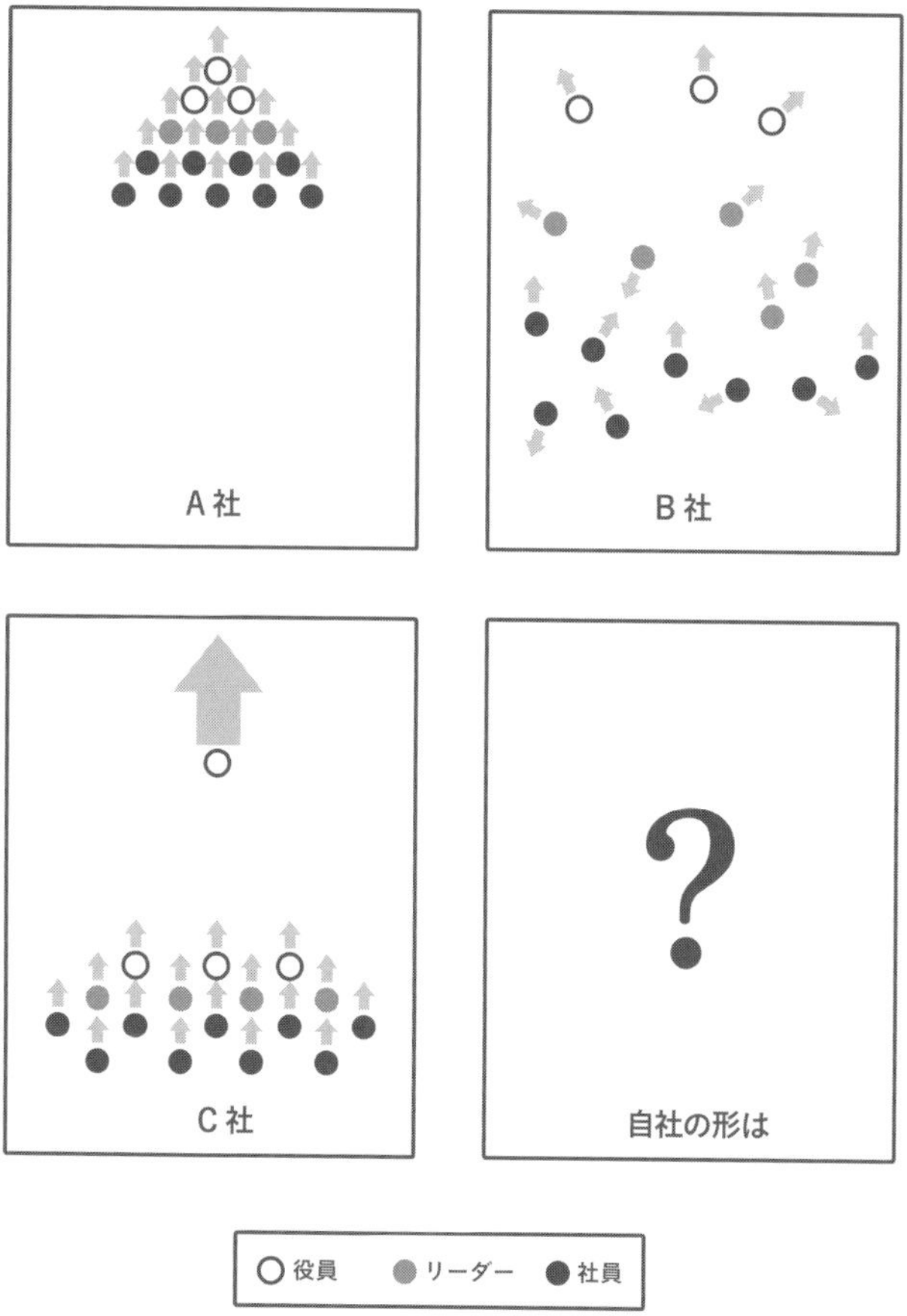

えている状態だと言えます。また、矢印はミッション・ビジョン・バリューの共感や行動のベクトルが合っているかで考えてください。

本来ならば組織の形も会社の数だけあると言えるほど多様なはずですが、あえて極端に抽象化・デフォルメすると、このA・B・Cの3パターンに分かれると私は考えています。

組織というものは、自分たちでは気づかないうちに、何となく形ができている場合が多いものです。もちろん、明確な意思や目標を持って組織をつくっている経営者やリーダーもいると思いますが、私が知る限りでは、皆さん事業戦略に忙しく、組織目標を常に強く意識できている人は少ないと感じます。やはり、自然に形成されていくというパターンのほうが一般的だと言えるでしょう。

組織の形はリーダーの権限委譲などのマネジメントスタイルや性格、会社の強みやこだわり、人材に対する考え方、どのマネジメントスキルレベルの人材がいるかなど、さまざまな要素で変わってきます。問題は、その形をどの視点から見るかです。

私は一つの視点として、A~C社の図のように、社長以下、全員のマインドセットやスキルの高低とベクトルの向きから、おおよそどんな組織の形になるかを考えます。

それぞれに、どのような特徴があるのか見ていきましょう。

▼A社の組織の形

社長や役員だけでなく、リーダー陣やメンバーまでもがマインドセットとスキルの点で非常に高いレベルでまとまっています。さらに、向かっているベクトルも同じ方向性です。

これは俗にいう**「一枚岩」「一丸となっている」状態**だと思います。この状態であれば、意思疎通もスピーディーで、事業の推進もスムーズに行われることでしょう。まさに、**本書が目指している「全員経営者マインドセット組織」**とも言えます。

ただ、理想的ではあるのですが、「本当にこんな組織は存在するのか?」「目指して実現することは可能なのか?」とツッコミを受けそうな組織でもあります。実現させていくには、かなり

A社の組織を表した図

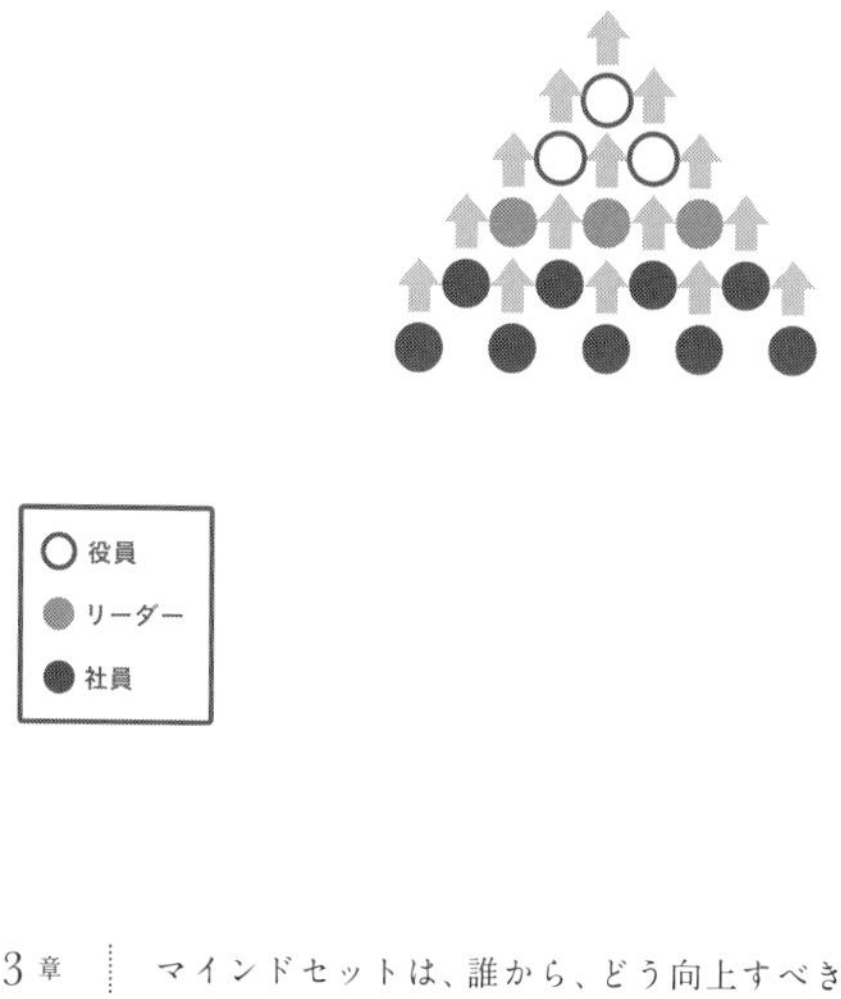

の工夫や努力が必要でしょう。

▼B社の組織の形

レベルや方向性が、良く言うと多様で、悪く言うとバラバラな状態です。上位の幹部は同じ方向を向いているようですが、完全に揃っているわけでもありません。リーダーや社員は、社長の方向とは違う方向や正反対に向かっている人も見受けられます。

個の自由を尊重した組織の形は、最近のトレンドでもあるダイバーシティや自由な働き方に合っているように見えます。統率に課題はあるものの、クリエイティビティの発揮などに強みを発揮する可能性がありそうです。ただし、メンバーの自主性や主体性によっては、単にバラバラな組織になってしまうリスクもはらんでい

B社の組織を表した図

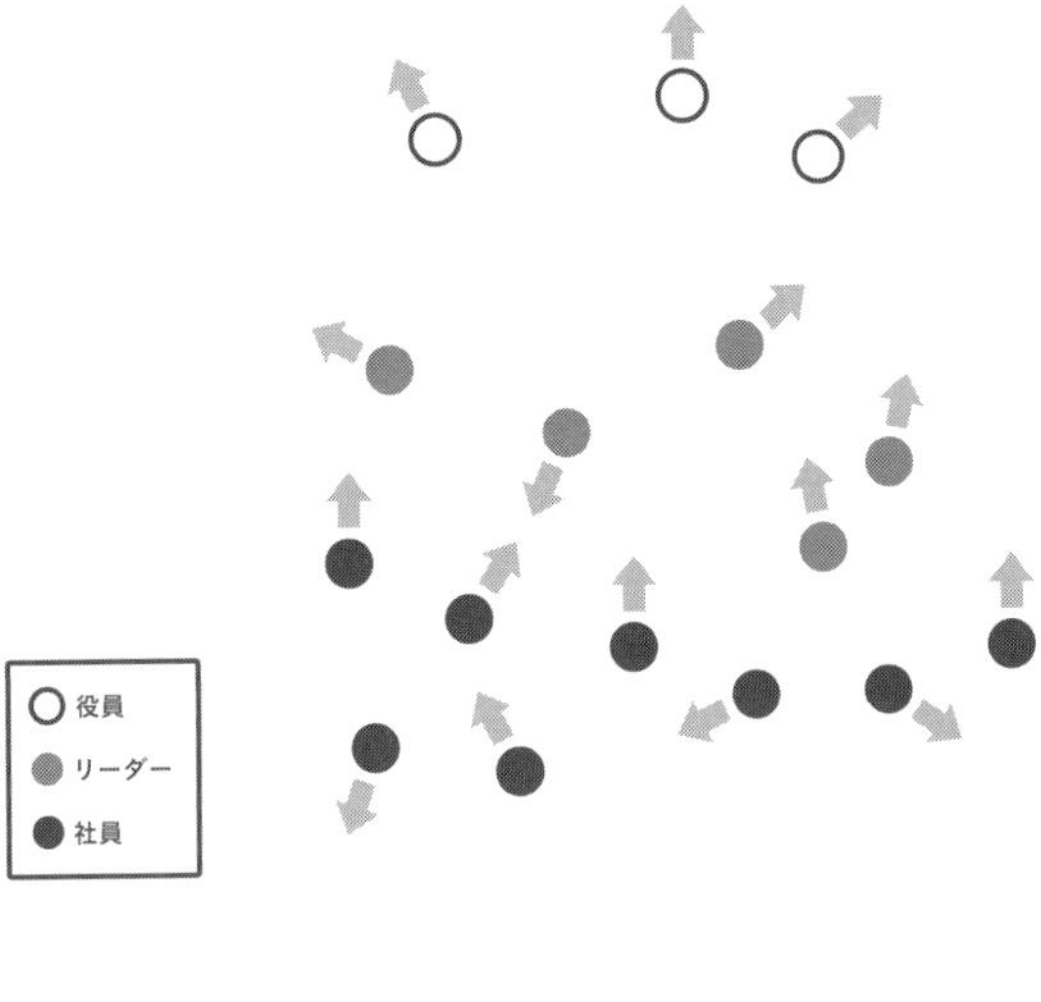

ます。

▼C社の組織の形

まさにトップダウンやカリスマ経営と言える形です。経営者の非常に強いリーダーシップで統率し、他のメンバーが従属的についていく状態です。進む方向性も揃っているので、戦略の実践スピードも早いと思われます。

しかし、見ての通り、**経営者と他のリーダーやメンバーのレベル差がとても大きいので、個々においては考える力が弱く、指示待ちになってしまう可能性があります。**

ここで、先ほどの［問い14］に戻りましょう。

あなたの会社やチームは、現在ABCのどの組織に近く、将来目指しているのはどの組織に

C社の組織を表した図

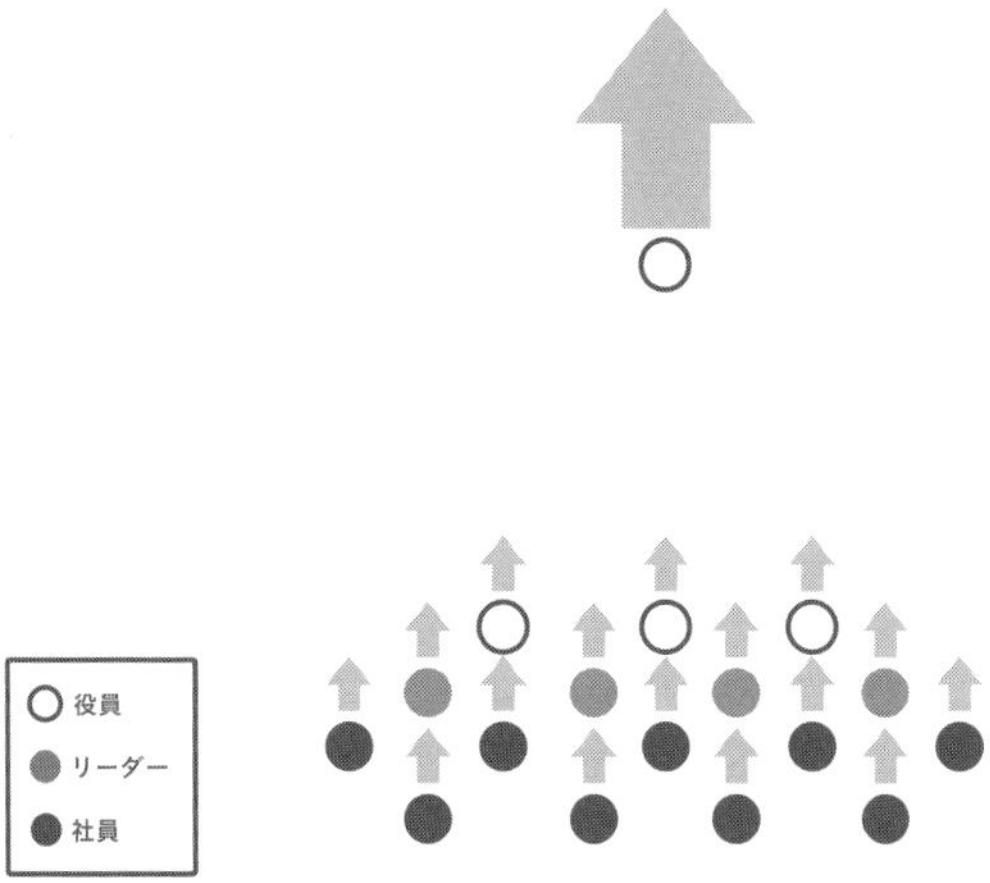

近いでしょうか。

どの形が正解ということではありません。どの形を目指すかは、経営者やリーダーの組織マネジメントポリシーによって異なるでしょう。

ただ、A社の組織はMSマトリクスの右上に多くの社員がいる会社（全員経営者マインドセット組織）とほとんどイコールですから、この方向の組織を目指すなら、本書の内容が参考になると思います。


では、B社やC社のような組織を目指したい人には、この本がまったく役立たないかというと、そうとも限りません。

本書の内容がそぐわない部分もあるでしょうし、あなたのポリシーやスタイルと異なるものも多いかもしれません。しかし、どのような組織を目指すのであれ、そのことのメリット・デメリットを知った上で「あるべき組織の形」を目指したほうが、より深みのあるものになっていくはずです。

3
MS MATRIX STRATEGY

個人の成長に必要な5つの要素

さて、目指したい組織の形を確認していただいた上で、その組織の実現のために、あらためて質問をさせてください。

問い15

A社やMSマトリクスの右上ゾーンに社員が多い組織を目指すには、どうすればいいでしょうか？

MSマトリクスを作成した人は、すでに気づいているでしょう。

A社のような組織の場合、社員一人ひとりの個の力も強くならないと、なかなかこの形にはならないでしょう。つまり、個々の社員がしっかり成長していく必要があるのです。

前著『成長マインドセット』を読んだ人は、個人の成長について深く理解していると思いますが、組織の成長も個々の成長に大きく依存することから、その原理原則をしっかり捉える必要があります。

B社やC社を目指す場合でも、個人が成長するほうが組織も伸びるため、まったく必要ないというわけではありませんが、A社の場合には、特にこれが重要だと考えられます。

では、個人が何かを身につけ、成長するためには何が必要でしょうか？

私は、5つの要素——**①適性・才能、②意識・工数、③理論・型、④場・経験、⑤継続・年数**——が必要だと考えています。

現在、多くの企業の組織戦略や人材育成の支援をしている中で、経営者やリーダーの皆さんは、一様に「人を育てる難しさ」を痛感しています。私もガリバー時代に、3000人以上の社員の育成や、支援企業のリーダー・社員の育成でその大変さは経験していますので、リーダーの苦労には、わがことのように共感できます。だからこそ、私の経験の中で考察したこの「5つの要素」をぜひとも紹介したいのです。

私のところに来る経営者やリーダーの中には、「人はそれぞれ、持っている能力や素養があり、後天的に大きく育成することは難しいのではないでしょうか。やはり、そういう人を採用することが最善の方法ではないかと思えるのですが……」と、ほぼ育成を諦めかけているような声もあります。

確かにＭＳマトリクスの右上のＭ１００ゾーンやＡゾーン〈０５３ページ図参照〉の人材のみを採用できるのなら、それが一番簡単で、ベストな組織づくりであることは間違いありません。

しかし、そのように優秀な人材の絶対数は多いのでしょうか。また、もし大勢いたとして、その人たちは流動しているのでしょうか。

「採用戦争」とも言える現在の状況下で、自社だけがそのような人材を必要なだけ採用できるのかを冷静に考える必要はあるでしょう。

個人の成長に必要な5つの要素

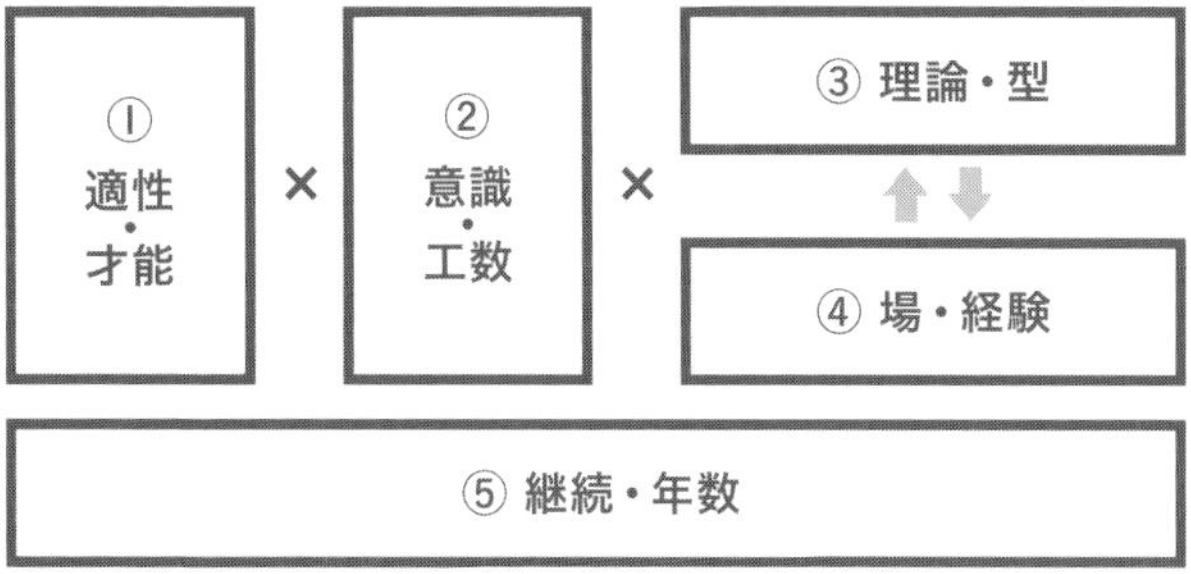

もちろん、優秀な人材採用は、組織戦略のトップイシューであることは確かです（第5章で、そこに詳しく触れています）。ですが、**私は現実的な選択として、採用と育成は、組織戦略の両軸として重要であり、そのための原理原則を知ることが、組織マネジメントの重要な入り口になる**と思っています。

では、ここから5つの要素の詳しい説明に入りましょう。説明の中ではスポーツを例に出していますが、あなたの好きなスポーツや趣味を当てはめてもいいでしょう。

①適性・才能

最初に「適性・才能」を持ってくるのは、育成が大事という話と矛盾していると指摘されるかもしれません。しかし、これらを度外視して組織運営や人材育成を考えるのは難しいと思っています。

その人が持つ適性・才能にも意識は向けつつ、他の4つの要素との掛け合わせ・バランスをしっかり考え、実行する必要があるということです。

スポーツで言うなら、短距離走ではスピードや瞬発力が求められたり、マラソンでは持久力が重要であったり、アーチェリーなど特に集中力が必要な競技があったりなど、必要とされる要素は本当にさまざまです。

本人の希望や意向ももちろん大事ですが、育成以前に、リーダーがメンバーの適性・才能を把握して、配属や役割を考慮することは、大きな意味での育成活動であり、MSマトリクスの右上の人材を増やす第一歩になると思います。

②意識・工数

次に理解していただきたいのが、**何かを習得する際の意識・工数の重要性**です。

ここで一つ、クイズです。

AさんとBさんは、同じ時期にゴルフを始めることにしました。

Aさんは、どうせやるのであれば、本気で上達しようと、非常にやる気も高く、忙しい中でも何とか工夫して練習の時間を確保しています。

Bさんは、運動不足で、趣味もあまりなかったので、ゴルフでもやってみようかという動機で始めたのですが、いざ始めてみると、練習の時間も取れずに、あまり進展していません。

2人の持っている運動の才能が同等だとすると、どちらのほうが上達するでしょうか？

答えは明白すぎますね。

AさんとBさんを比較すると、

	やる気	時間
Aさん	○	○
Bさん	×	×

となり、どう考えても上達しそうなのはAさんです。

何かうまくなろうとすると、当然、Aさんのようにやる気と時間の確保は必要不可欠です。

なぜ、こんな当たり前の質問をしているかというと、**この「やる気と時間の確保」は、簡単なようで、とても難しいことだから**です。

私が組織づくり・人材育成でアドバイスしている皆さんは、組織や人材に関して何とかしないといけないという課題感を持っているのですが、急成長している企業が多いので、事業戦略・推進に忙しく、大きく次の2つのタイプに分かれます。

▼タイプ1

事業戦略を推進するためには強い組織が必要だと強く認識しており、リーダーや社員がより成長することが、彼らの人生にとっても重要だと真剣に考えている。

社長をはじめ経営陣やリーダーが率先して、積極的に時間を確保し、ワークショップや組織戦略会議に参加し、活動する。

▼タイプ2

社員数の増加にともない組織の壁的な課題に直面し、すぐに出せる結果を求めている。しかし、事業推進の重要度と緊急度が高いと感じ、トップ層はそちらに工数をとられて、担当者のみが片手間で活動している。

ここまで極端ではないかもしれませんが、あなたの会社はどちらに近いでしょうか？　課題を認識し、何とかしたいという希望があっても、実際にその優先順位を高め、工数・時間を確保することはとても難しいことなのです。

そこで私は、組織戦略で企業を支援させていただく際の条件として、次の2つのことを確認しています。

1　トップがどこまで組織戦略にコミットしていただけるか

2　実際にどこまで組織全体で工数を割いていただけるか

「全員経営者マインドセット組織」を目指すのであれば、トップが自らワークショップ等へも参加するなど、本気で直接関わっていく覚悟が必要ですし、「意識・工数」は、支援の効果が出るかどうかを決める重要なポイントであるからです。

③理論・型

書店やネット上には、さまざまなスキル習得のための理論や情報があふれています。自分に合ったものを探したり、効率的に学ぶためにはどうすればよいかを考えたりしても、混乱してしまうことも多いですね。

剣道や柔道などの武道や、茶道・書道などでは、よく「型」という言葉が使われます。技や技術を磨いていく上で、理論や型などの基本の形をマスターすることはとても大切です。「守破離」という言葉もあるように、**いきなり自己流でやるよりも、原理や本質的なものを学ぶこと**

がその後の上達・成長に大きく寄与するすると考えられます。

しかし、この理論や型についても、強く意識されている経営者やリーダーは少ないと思います。自己流や経験則のみで、タテ軸の「マインドセット」やヨコ軸の「スキル」を上げようとする人もいますが、誤った形で進めたためにうまくいかなかったケースもたくさん見てきました。後ほど紹介しますが、当たり前のように行われている会議のやり方一つとっても、組織が劇的に変わるような重要な型があるのです。

自己流になってしまう要因としては、中小企業やベンチャーなどでは研修・指導体制が弱く、ＯＪＴや自分で学ぶしかないケースや、マネジメント経験があまりないままにリーダーになってしまうケースが考えられます。

さらに、皆さんの中には、研修等を実施してもあまり効果がないと感じている人も多く、私もさまざまな研修を受けた経験上、実効性が薄いものが数多く存在することも承知しています。ただこれは、その理論を伝える側だけの問題とも言えません。理論の学び方も重要だと思っています。

外部に丸投げするだけでは（たとえば月1回でだけ英会話スクールに通っても英語を話せる

ようにならないように）、本当に必要な理論や型が身につくことはありません。

外部から手軽に理論を手に入れたら終わりではなく、学んだその理論に自分なりの解釈を加え、誰が読んでもわかるような本をつくるくらいの覚悟で学ばないと、本当の意味で身にはつかないということです。

④場・経験

皆さんは、自分が自転車に乗れるようになったときのことを覚えていますか？（自転車に乗れない人は、鉄棒でもスキーでも、別の何かができるようになったことを思い出してみてください）

私は5歳のときに、父にサポートしてもらい、幼稚園の園庭を借りて自転車の練習を始めました。夏に長袖・長ズボンを履くように父に言われ、スタートだけ父が荷台を持ってくれて、あとは砂場に向かって突進を繰り返しました。

何度も転んだあと、乗れるようになった感動は、今でも忘れられません。

皆さんも、おそらく似たような経験があるのではないでしょうか。つまり、自転車は**何らかの練習期間を経て乗れるようになったのであり、事前に乗り方を調べて知っていたからといっ**

て、いきなり乗れるようになるというパターンは稀だと思うのです。

もちろん、理論を学ぶことも重要ですが、「より実践的な練習の体験」が必要なことに異論はないと思います。

しかし、②の「意識・工数」でもその難しさがあったように、「場・経験」の機会をしっかりつくることにも難しさがあります。

自転車に乗ったり、英語を話したりしなければならない環境で、子供がほとんど理論に縛られずにどんどん挑戦するのに、大人は知識や理論を学ばないと不安で前に進めないことが多くあります。「場・経験」を後回しにしがちなのです。

自転車は、一度乗れるようになればそのあと練習は必要ありませんが、さらに高度な技術を習得するのであれば、どんなものでも、継続的に練習の時間を確保する必要があります。

学ぶこと、習得することとは、実践をする「場」で、実践した「経験」を積むことによってのみ実現できることで、「型・理論」と「場・経験」の繰り返しが、より高いレベルのスキル向上に導いてくれるのだと私は考えています。

⑤継続・年数

ここまで、①適正・才能、②意識・工数、③理論・型、④場・経験、と述べてきましたが、そのすべての根底にあるものが、⑤継続・年数です。一定の期間を習得に投資しない限り、スキルが身につくことはないと言ってもいいでしょう。


そこで皆さんに質問です。

次のものを習得するには、どのくらいの期間が必要でしょうか？


英語・水泳・ゴルフ・料理・ピアノ・子育て・営業・プログラミング・ファイナンス

いかがでしょうか？

数カ月で上級レベルまで習得できるという人は稀ではないでしょうか？

私は何かを習得しようとするとき、少なくとも2年～3年といったスパンでイメージします。これは自分自身に対する期待値調整でもあります。

たとえば、ポルトガル語を数カ月で通訳レベルまでマスターできると思っていたら、どうでしょうか？ 数カ月後、あまり上達できていない現実に、挫折してしまうはずです。

スキルはそんなに短期間で身につけられるものではありませんし、身につけられたとしても、それは本質的なレベルではなく表面上のもので、初級レベルであると言ってよいと思います。

一方で、最初から2年～3年かけてポルトガル語をマスターしようと思っていたらどうでしょう? 数カ月後、大きな進歩がなくても、挫折する確率は減るはずです。あくまで数年間の計画を覚悟しているからです。

このスキルの習得カーブは、下の図のAではなく、Bのようになっていくと考えます。

つまり、投入した時間に対して、正比例して結果が出るわけでなく、当初は「ほとんど効果が見えない状態」が続きます。

多くの人は、この結果が見えない段階で挫折しやすくなります。しかし、ここを超えると、さまざまな知識や経験が有機的につながることに

スキルの習得カーブ

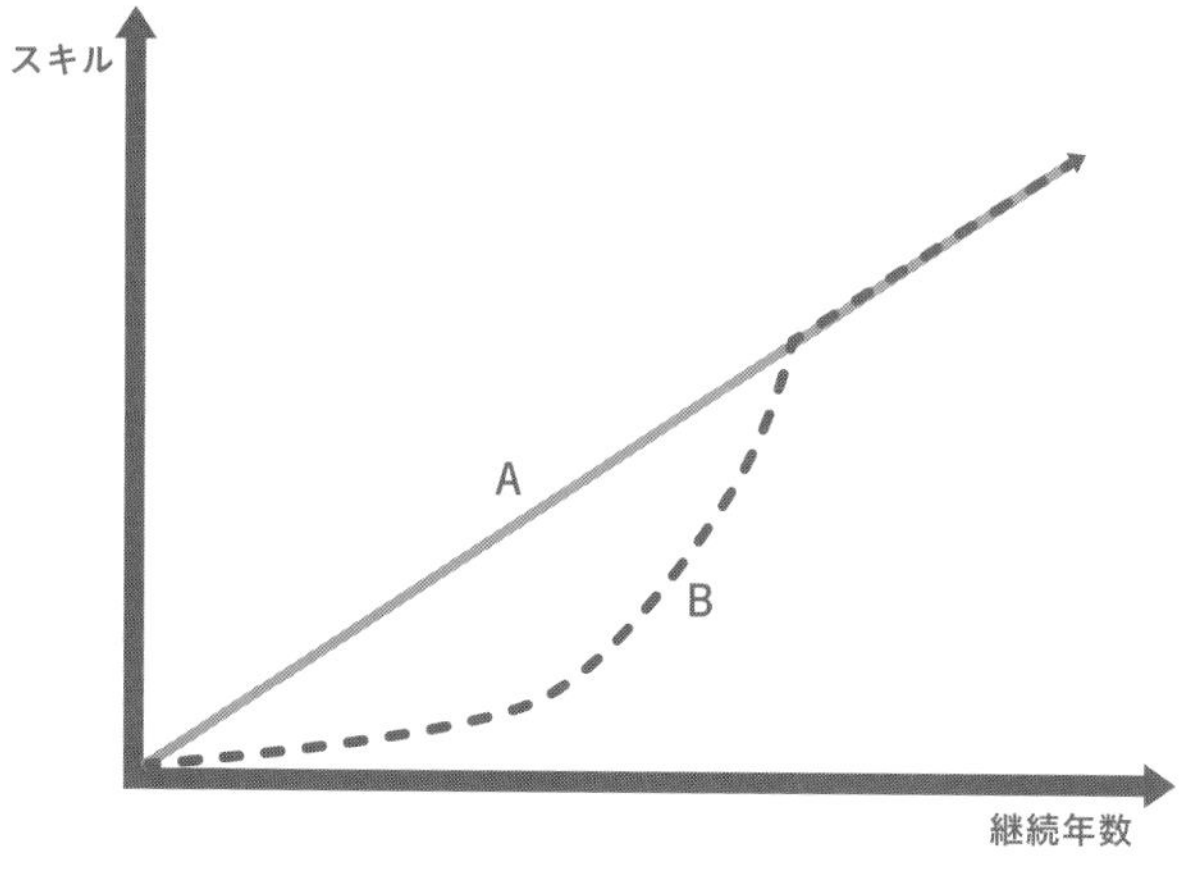

よって、スキルは加速度的に身についていくのです。

このように、**「数年かけてスキルを身につけるイメージを持つ」「結果が出始めるのには時間がかかる」という2つの継続・年数の概念を初期設定にする**ことで、スキルを習得できる確率は確実に上がります。

4 MS MATRIX STRATEGY 実践前に注意すべき5つのポイント

さて、いよいよ目指す組織への具体的アクションを実践していくわけですが、その際に注意していただきたい5つのポイントを先に説明しておきます。

人は、今までの経験や感情、固定概念や常識に囚われてしまう傾向があるため、まず個人の成長の本質が何かを身につけた上で、実践に移っていきましょう。

注意すべきポイントは、次の通りです。

ポイント1「個人の成長に必要な5つの要素」はバランスに注意
ポイント2「成長期間」に注意
ポイント3「優先順位の勘違い」に注意
ポイント4「言語バラバラ」に注意
ポイント5「リーダーのレベルの過信」に注意

ポイント1「個人の成長に必要な5つの要素」はバランスに注意
→ピースが揃わなければ、スムーズな成長は望めない

前項で、「個人の成長に必要な5つの要素」について紹介しましたが、**これらを実践するにあたっては、どの要素も欠けていないことが大事**です。

私は現在、企業支援の一環として、リーダー陣の育成も行っていますが、その中で、「部下の育成に何が必要ですか?」という質問をし、議論してもらうことがあります。そうすると、先ほどの①~⑤の要素のどれか一つだけを深く話していく傾向があるのです。

特定の要素だけにこだわってしまう例を挙げると、それぞれ次のようになります。

①の適性・才能だけに強くこだわるケース

「彼には適性があるかな」「やっぱり才能だよね」的な意見に終始してしまうと、思考停止状態となり、②~⑤に進まず、具体的な対策にならない可能性が高いでしょう。

②の意識・工数だけに強くこだわるケース

新しい取り組みは新鮮で、意識も高くなりがちなため、最初はいろいろと工数がかかる対策を立案するものの、実際に実行してみると簡単にはいかず、徐々に意識も下がり、自然消滅してしまうことも。これでは最初にかけた工数・努力がほとんど無駄になってしま

個人の成長に必要な5つの要素（再掲）

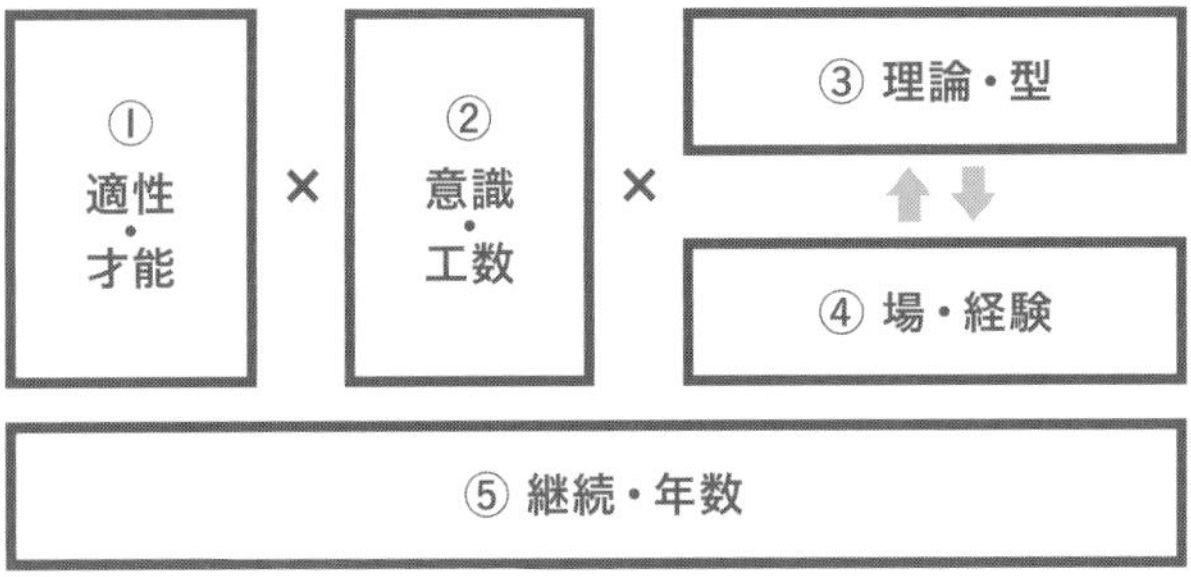

います。

③の理論・型だけに強くこだわるケース

徹底的に理論を深掘りしようと議論に終始してしまい、具体的な実行プランに落とし込めないで会議が時間切れとなってしまいます。

④の場・経験だけに強くこだわるケース

「ともかく、やってみよう！」は悪くはないのですが、無策・浅慮で行動すると成功確率は圧倒的に低くなってしまうでしょう。

⑤の継続・年数だけに強くこだわるケース

意識を持って実践を重ねていくことが大事です。やみくもに続けているだけでは、大きな成長は難しいかもしれません。

期限を設けて組織の課題に向き合う必要性は認識していても、現実的には時間的に難しい経営者やリーダーが多いと思います。しかし前述の5つの要素は、すべてにおいて一定以上のレベルが求められるのです。

そのため、部下や組織の成長を考えるなら、一つの項目の対策に目を向けるのではなく、5つの要素をいかにバランス良く、複眼的に充足させていくかを考える必要があります。第4章でもリーダーの成長支援について、5つの要素と照らし合わせて具体的に説明します。

ポイント2　「成長期間」に注意
↓生まれたての赤ちゃんは急には立って歩けない

あなたは、生まれたての赤ちゃんに「立って、自分で歩いて」と指示をするでしょうか？

人間の赤ちゃんが、生まれてすぐに立ち上がって歩けないことは誰もが知っています。個人差はありますが、4カ月から8カ月前後で寝返りが打てるようになり、その後ハイハイができるようになり、つかまり立ちして歩けるようになるのは、早い子でも10カ月以降でしょう。

これもわかり切った質問だと思われるでしょうが、冷静になって客観的に考えれば当たり前のことでも、意外と違う行動をとってしまうことの一例なのです。

より早く、より高いところに登りたい経営者やリーダーほど、「早く立ってほしい」「自分で歩いてほしい」と望みます。

見た目が赤ちゃんならまだしも、目の前にいるのは成長した大人であり、プロとして給料をもらっているのだから、自分で学んで、結果を出してほしいと考えるのは十分に理解できます。

しかし、現実論として考えた場合、私が知る限り、会社のすべてのポジションに、そこで必要とされるスキルを持った人材を完璧に揃えられている会社はありませんし、第1章で作成したMSマトリクスで、理想的だと思うプロットができた人も少ないと思います。

この章の冒頭で説明した組織の形について、B社やC社ではなく、A社、すなわちMSマトリクスの右上ゾーンに人が集まる「全員経営者マインドセット組織」を目指すのであれば、**社員のスキル向上・育成に「成長期間」という観点を持つ**ことをお勧めします。

人が何かのスキルを身につけるまでには、思っている以上に時間がかかります。また、1歳前に言葉が話せるようになる子もいれば、2年以上かかる子もいるように、いろいろなスキル習得にも、個人差やレベル差があるものです。

もしあなたが経営者やリーダーなら、いくつかのスキル習得が他の人よりかなり早く、レベルも高かったこともあって、現在の立場にいるのだと思いますが、それだけに、「自分よりも習得に時間がかかる部下」にイライラしたり、できないこと自体が理解できなかったりすることもあります。ぜひ、そのことを念頭に置きながら、組織戦略や人材育成に「時間軸」を取り入れてみてください。

ちなみに、テクニカルスキルに関しては育成プログラムを持っている会社でも、組織マネジメントスキルや戦略思考力などのスキルについては、おざなりになっている場合が多いように思います。

ポイント3 「優先順位の勘違い」に注意
→陥りやすい考え方

次に注意が必要なのが、優先順位の勘違いです。

組織マネジメントでは、総花的でなく、プライオリティや攻略ポイント、キラーパスが重要だといわれます。これは事業戦略だけでなく、組織戦略や人材育成でも、実はとても重要なことなのです。

私が支援している企業でも、当初は漠然と組織の課題を感じていて、誰に対して、どのようなアクションをすればよいかを迷っているリーダーがほとんどです。「全体をいっぺんにアップさせたい」「問題のある、組織に悪影響を与えている人たちを何とかすべきでは？」といったぼんやりとした願望のようなものは抱いているものの、なぜその順番なのかの根拠は心もとない感じがします。

ここで、具体的に「優先順位の勘違い」を深く知るために質問をさせてください。

問い16

あなたが「最初にマインドセットが上がってほしい」と思うのは誰ですか？

（　　　　　　）に上がってほしい

SO社長は手紙の中で、注意が必要なゾーン＝マインドセットの低い社員を何とか引き上げて、全体的な底上げを図りたいと述べていましたが、本当にその方法が良いのでしょうか？

私は、それはとても難しいと考えています。

もちろん、この考え方が間違いというわけではありませんが、MSマトリクスの各ゾーンに点在する社員は、その位置にいる諸々の理由があります。一度に同じ方法で高いレベルまで成長させていくことは、難易度が高いと言わざるを得ません。

ましてや、成長意欲があまり高くない人から「マインドセット」を上げていくことは、さらに難しいことなのです。実際、多くの経営者やリーダーからも、「もっと学びが必要な部下ほど、本を読まないし、研修にも参加しない」という話をよく聞きます。そして、「いろいろと手を尽くしてみましたが、効果が感じられない状態です……」と嘆く声もたくさんありました。

では、なぜ経営者の皆さんは、このゾーンへのアプローチにこだわるのでしょうか？

実は、そうなってしまいやすい大きな「落とし穴」があるのです。次の2つの思考に囚われて、このゾーンを優先してしまいます。

・成長意欲の高くない人を成長させることが必要だという思い込みと、彼らを何とかしなければという感情
・問題の少ない、レベル高めの部下は大丈夫という油断

つまり、多くの経営者やリーダーは、自ら成長してくれる部下より、組織にマイナスな影響を及ぼす可能性のある部下のほうが気になり、**「彼らがより成長してくれれば、会社やチームがもっと良くなるのに」と考え、そちらにフォーカスしがち**になります。

これは、組織でよくいわれる2：6：2の法則でも言えることでしょう。

2：6：2の法則は「働きアリの法則」とも呼ばれていて、組織内において「上から2割の者がチーム全体に大きく貢献し、6割は普通で、下の2割の貢献度は低い」という現象のことです。この理論の解釈や賛否が別れることは承知していますが、私が多くの組織をマネジメントあるいは指導した経験からすると、この法則は実感値として十分起こり得ることだと思っています。

これを社員の「マインドセット」の高さという視点で考えてみると、「マインドセットの高い2割、普通の6割、マインドセットが高くない2割」となります。経営者やリーダーは下位層の2割を、何とかしたくなっているということですね。

マインドセットが高くない社員は「会社に活気がなく、社員のモチベーションが下がっている」「○○が問題で非常に深刻な状況だ」などと、課題を第三者的に指摘するだけで、具体的・主体的な対策案のない発言が多くみられるため、経営者やリーダーは気になるのでしょう。

しかし、組織全体のことを考えた場合、下位層2割に対して時間と労力をかけるのは、本当に効果的な方法でしょうか？　そうした人に成長のための機会を提供しようとしても、なかなか本人の気持ちは変わりません。目標のない人に目標を持つ意義を説いたり、趣味を持てない人に趣味の面白さを伝えたりすることが難しいのと同じことなのです。

もう一度、先ほどの［問い16］の答えについて考えてみましょう。

私がお勧めしたいのは、「マインドセットの高い2割の上位層がさらにマインドセットが上がっていく場をつくる」という方法です。この上位層2割のメンバーがもっと成長できるような環境づくりを先にしたほうが、組織全体を活性化させられるからです。

上位層メンバーと言っても、「真の経営幹部」と比較すれば、まだまだマインドセットの伸びしろは十分にあり、この層を伸ばすことによって、大きな効果が得られます。もともとマインドセットが高い彼らですから、かけた時間と労力に対して十分に応えてくれるのです。

そして、上位層メンバーのマインドセットが「真の経営幹部」クラスへと高まると、加速度的に組織は強くなります。それは、彼らが**経営メンバーの分身となり、中間層と下位層に良い影響を与えてくれるからです。**

ここまでくると、次ページの図のように、今まで社長一人で全社員に対して組織力向上の活動をしていた状態から、複数の組織人材向上メンバーが積極的に人材育成の役割を担ってくれるようになり、効果も格段に上がります。

社長側対社員側の比率が変わっていく

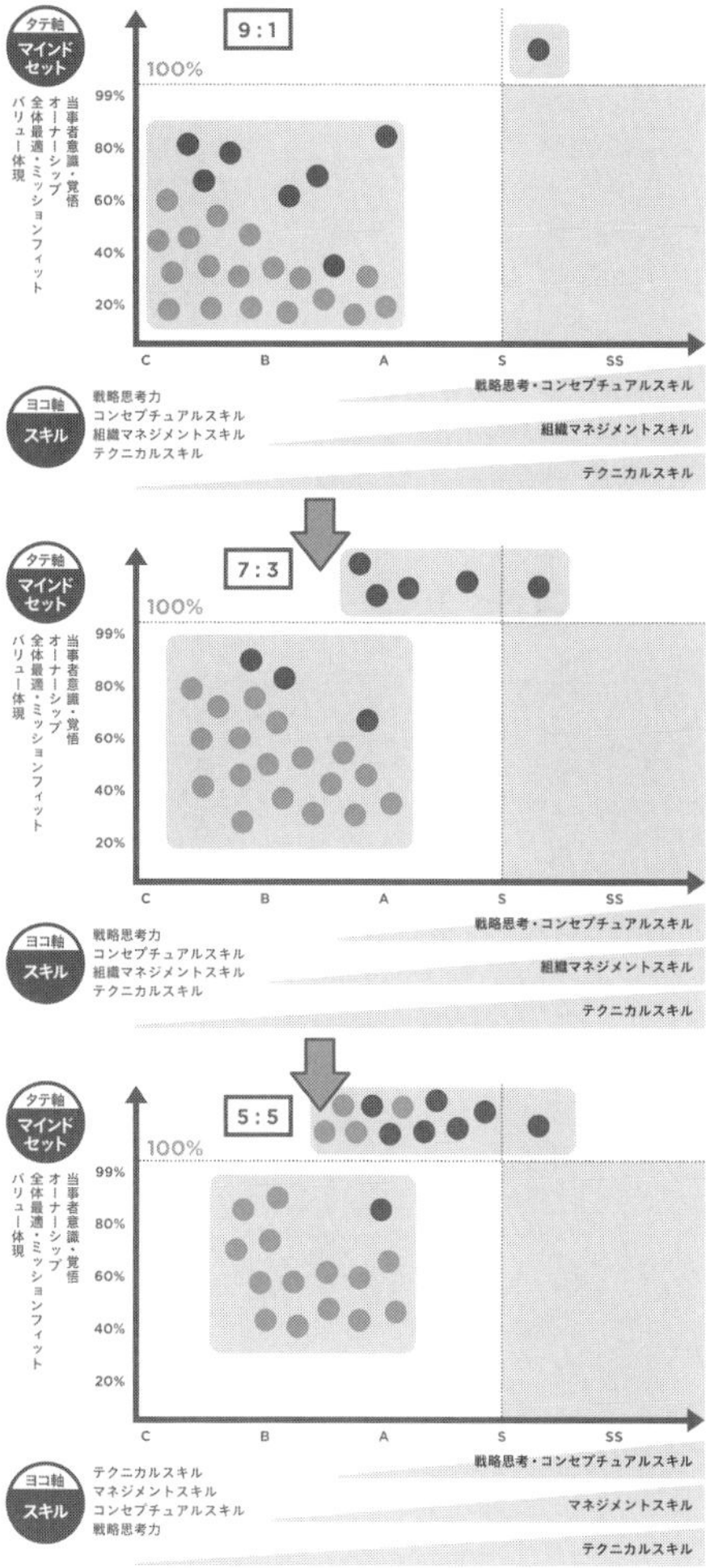

私が支援してきた会社でどのような変化があったか見てみると、たとえば、１００名の社員の会社では、支援に入る時点では、社長側と社員側の比率が「社長1対社員99」のような状態が多いのです。それが、リーダークラスに「マインドセット１００％」の人材が生まれてくると、経営幹部5対95とか10対90、そして20対80……と変化していきます。

一般のメンバーから距離のある経営幹部ではなく、**身近なところで前向きなメンバーが多数いることにより、「マインドセット」が中程度以下だったメンバーも連動して意欲が高まっていきます。**限られた期間・リソースで結果を出し、お客様や社会へ貢献するためにも、この優先順位はぜひ意識してください。

ポイント4 「言語バラバラ」に注意 →全社の共通言語をつくる

社員の成長を促すなら、上位層から「マインドセット」の向上を考えていくのがよいと書きましたが、下位層や全体に対してまったく何もしなくていいということではありません。上位層への施策と全社施策を組み合わせることで、より大きな効果が得られると思います。

つまり、上位層に100％の工数をかけるのではなく、上位層に80％、全体に20％というような配分で行うイメージです。

具体的には、全社や新入社員向けに『成長マインドセット』をベースにしたワークショップを開いたり、書籍の読み合わせ会を催したりするなど、全体の底上げをしていくことが考えられます。

もちろん、これを行ったからといって、全社員の「マインドセット」が一気に上がるということではありませんが、**全社員が人生観や仕事観に関して徐々に共通の認識を持ち、共通言語で話すこと**ができるようになってきます。そうすることで、上位層からの好ましい影響も、浸透しやすくなっていきます。

また、ワークショップや読み合わせ会は、一度だけでなく、二度、三度と繰り返すことも必要です。なぜなら、気づきや学びを自分のものとして活かすことができるまでには、次ページの図のような段階があるからです。

繰り返し考え、実践をしなければ、「正しく強いマインドセット」について「知らない」段階から「知っているつもり・読んだ」段階、そして、「腹落ちしている」「自分でできる」段階へと理解を深めていくことはできません。「知っている」ことと「できる」ことは違うのです。経営者やリーダーには、ぜひ、その「場」を積極的に提供していただきたいと思います。

ちなみに、このような場をつくっても、ネガティブな感情や行動を示す社員も一定数います。ただ、その人たちも全体の組織風土が前向きな状態になっていくと、少しずつ前向きに変わっていくか、あるいは、その組織風土を否定して別な道を選ぶのか、いずれにしても決断を迫られる状態になっていきます。

結果として、一部は辞めていく社員もいるかもしれませんが、経営者やリーダーは、それを過度に恐れないでください。組織を進化・成長させていくときには、「成長痛」としてそのような現象は起こり得ます。しかし、それは組織が良くなっている兆候であり、信念を持って続けていけば、組織や社員は必ず良い方向に成長していきます。

知っていることとできることは違う

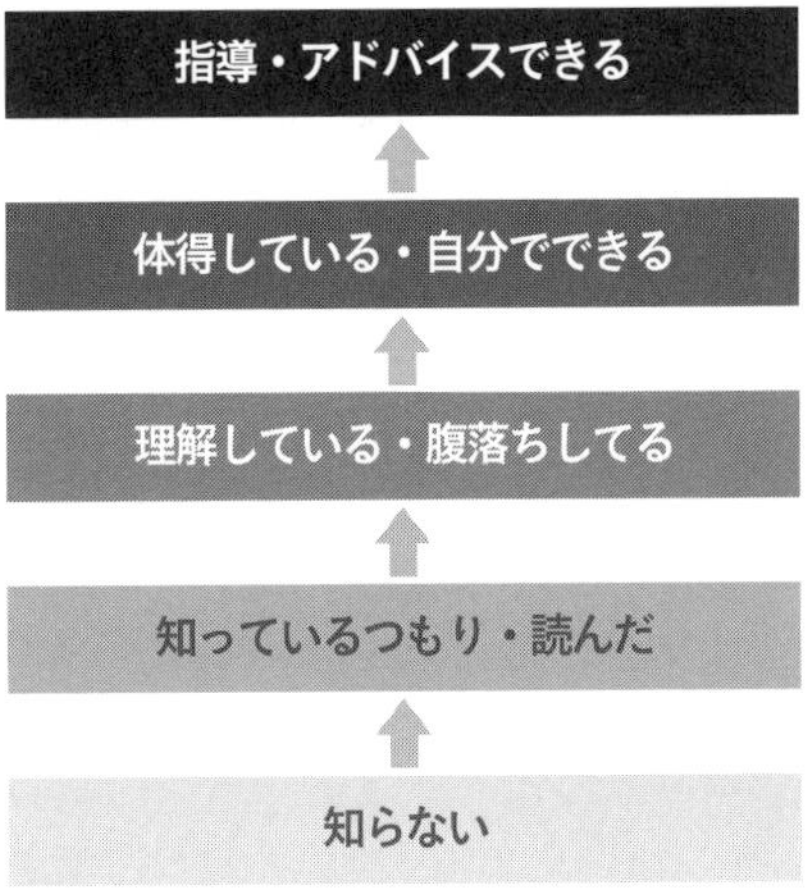

ポイント5　「リーダーのレベルの過信」に注意 →リーダーも「100％」は少ない

さて、ここであなたの作成したMSマトリクスをもう一度見てみましょう。

その中で、リーダー的立場の人たちはどのあたりにプロットされているでしょうか？

前述の上位層に含まれているとは思いますが、多くはまだ「マインドセット100％」に到達していないのではないでしょうか。当事者意識が100％と90％では、ものごとに取り組む姿勢がまったく違います。当事者意識のそれほど高くない人が、いくらコーチングなどのテクニカルなスキルを磨いても、部下に対する説得力は低いままでしょう。

これを船にたとえると、70％の力で漕いでいるように見える上官に、「全身全霊、本気で漕ぎなさい」と言われても、100％の力で漕ぐ気持ちにならないのと同じことですね。

つまり、**リーダー以上の立場の人たちが「マインドセット100％」に到達することは、組織全体の成長にとって非常に重要なこと**なのです。経営幹部やリーダーの覚悟・当事者意識が向上するだけでも、組織は必ず良くなります。

では、リーダー層が「マインドセット100%」に到達していくためには、何が必要なのでしょうか？

それは、先ほど挙げた個人の成長に必要な5つの要素のバランス・質・工数を考慮して実施することです。

次章では、その方法について考えていきたいと思います。

第4章

リーダーの
マインドセットと
スキルが向上する方法

〈ある経営者からの手紙〉

ＯＭ様

いつも的確なアドバイスをいただき、本当にありがとうございます。

前回のご説明、大変納得いたしました。私も見事に陥りやすい罠にはまっていました。〝全員経営者〟を目指してメンバー全体の「マインドセット」を引き上げるには、成長意欲が高くない層に対して先に工数や意識をとるのではなく、まずリーダー層の「マインドセット」を高めていく必要があるのですね。

ただ、まだＯＭさんがよくおっしゃる「知っていることとできることは違う」状態で、次の具体的行動まで見えていないのが正直なところです。

教えていただくばかりでなく、私がリーダーとして考え、試行錯誤しながらでもマネジメントレベルを上げていくべきことは理解しておりますが、もう少しだけヒントをいただけましたら幸いです。

株式会社ソシキオ
代表取締役社長　ＳＯ

株式会社ソシキオ

ＳＯさん

お手紙ありがとうございます。

前回までの説明で気づかれた点もあったようですね。ＭＳマトリクスの視点を通して組織を見ることで、いろいろなことがおわかりになってきたと思います。

事業視点だけに注力すると、メンバーの現時点のテクニカルスキルだけに目がいってしまうこと、チームに軋轢を生じさせるメンバーから先に何とかしたいと考えてしまうこと、そして、リーダー層の「マインドセット」と「スキル」を先に向上させることの必要性のお話をさせていただきました。

今回は、前回に続けて、リーダー層のレベルを上げていくための具体的な方法についてお話ししていきたいと思います。

ＯＭ

1

MS MATRIX STRATEGY

リーダーに必要な能力とは？

最初に、ここまでの内容を少し振り返ってみましょう。

第1章では、会社を成長させていくには、戦略力だけでなく組織力が両輪の一つとして重要であることを紹介し、さらに、現在の組織の本質的な課題を探るために、「マインドセット」と「スキル」を軸にとったMSマトリクス作成の説明をしました。

第2章では「マインドセット」とは何かについて説明し、「マインドセット」100%とそうでない場合の違い、リーダーには経営者に近い「マインドセット」が必要であることを書きました。

続く第3章では、MSマトリクスの右上に多くの社員が集まる会社が、本書の目指す「全員経営者マインドセット組織」であること。また、全体の「マインドセット」を上げていくには、まずリーダー層が「マインドセット」100%に到達することが望ましいことを伝えました。

そして、この第4章では、リーダー層の「マインドセット」と「スキル」を上げていく具体的な方法について話していきます。

本題に入る前に、まずは次の問いについて考えてみてください。

問い17 リーダーの一番の役割とは何でしょう?

〔　　　　　　　　　　　　〕

ただ闇雲にリーダー層の「マインドセット」と「スキル」が上がる方法のみを考えるのではなく、それらはなぜ必要なのか、リーダーの役割とは何なのかを明確にする必要があります。何か行動をする際には、必ず目的を明確にして行うことが重要であるのは説明の必要はないでしょう。

この問いを、リーダーワークショップで質問すると、さまざまな答えが返ってきます。たとえば次のようなものです。

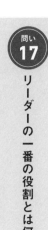

・自ら先頭に立ちチームに手本を示し、部下のやる気を引き出す
・チーム一丸となり、期待された売上や成果を挙げる
・部下の成長をサポートする
・周囲とコミュニケーションをとり、心理的安全性を確保する
・チームの戦略を考え、実行する
・メンバーが働きやすい環境をつくる

いずれも必要な役割だと思いますが、私はそれらの最も上位の役割を〝**目標の必達**〟だと考えています。

会社は自社のミッション・ビジョンを実現するために活動しており、そのミッション・ビジョンに向かうマイルストーンとして中期目標・短期目標があります。

ですから、ミッション・ビジョンが目指すもののメインであり、その途中にある目標も含めた〝目標の必達〟が、リーダーの一番の役割だと考えています。この考え方からすると、先ほどのリーダーワークショップで出たような役割は、どれも目標を達成するために必要な項目となります。

では、この〝目標の必達〟をリーダーの一番の役割とした場合、リーダーに必要な能力は何なのでしょうか？

リーダーはチームを率いて、あるいはチームをまとめて、目標を達成しなければなりません。担当者だったときのように、自分の役割や自分の予算達成のみを考えて行動すればよいのではなく、チーム全体のパフォーマンスの発揮に責任があります。

予算や目標にこだわりすぎることに違和感を覚える人もいるかもしれませんが、「短期目標」を必達し、「中期目標」を達成しなければ、大目標である「ミッション・ビジョン」には到達できませんし、目標達成の責任がないチームも存在し得ません（もちろん目標が明確な数値で設定

リーダーの役割とは？

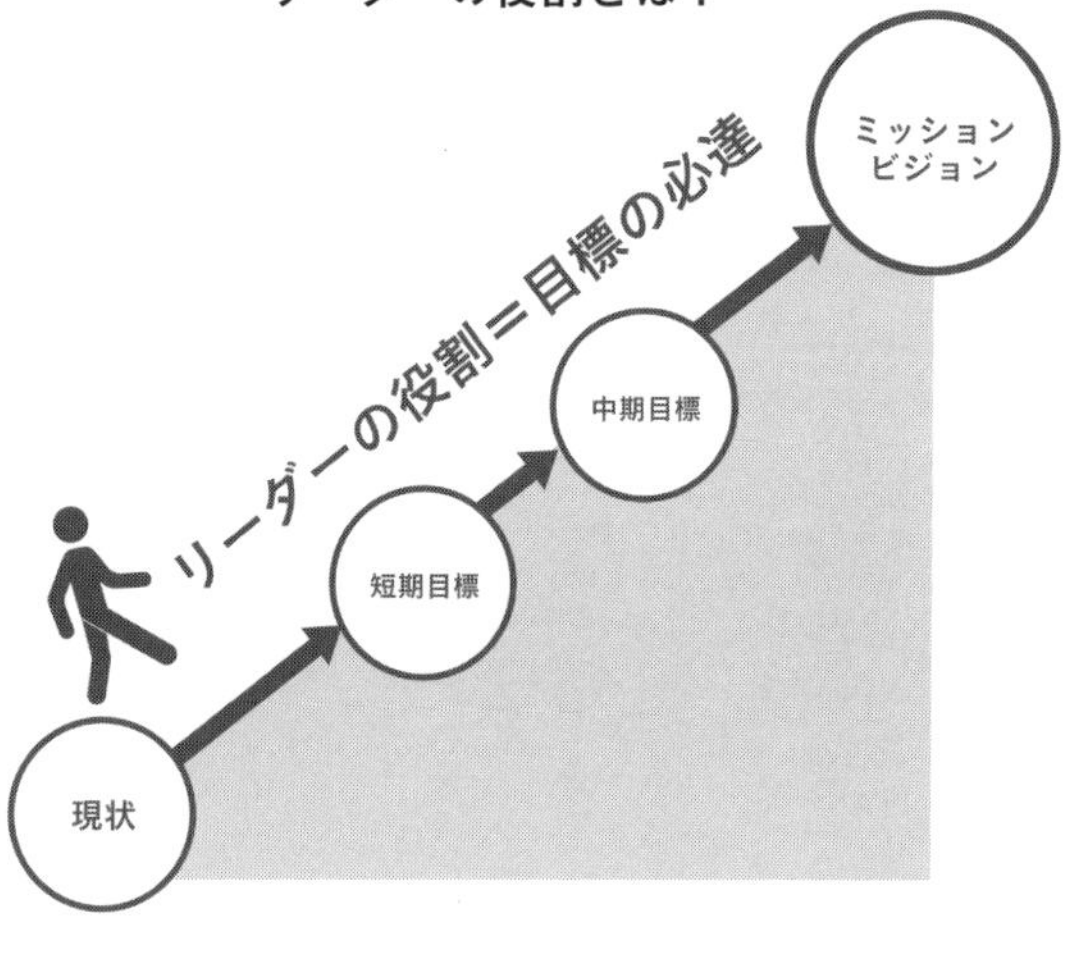

できないチームも存在します）。

ただし、ここで注意しなければならないのは、「目標達成のためなら、どんな手段を使ってもいい」というわけではなく、そこには〝永続的な組織の維持〟という制約条件があることです。

企業の目的は、単なる利益の追求だけでなく「存続と発展」と言われるように、通常の「ミッション・ビジョン」は、短期的に簡単に達成できるものではなく、永遠に追い続けるものが掲げられます。したがって、〝目標の必達〟には、短期目標の必達と、それを永続的に達成し続けることのできる〝組織の成長〟が必要であり、リーダーにはそれらを両立させる役割が求められるのです。

短期的な結果のみを求めて、強制的・威圧的

「目標必達」の制約条件

目標の必達

＋ 制約条件

永続的組織の維持

なチームマネジメントで組織が疲弊し、崩壊したり退職者が続出したりするようでは、永続的な目標の達成は見込めません。近年、組織には「心理的安全性」が必要だとよく言われるようになっているのも、安定的・継続的な組織が、より高いパフォーマンスを発揮できることを表していると思います。

これらを踏まえれば、継続的に目標を必達するためには、リーダーワークショップの例でも挙がっていた「部下の成長をサポートする」「メンバーが働きやすい環境をつくる」など、環境や育成の要素も大切であり、それらがまさに〝組織マネジメントスキル〟の一つだと思います。

2
MS MATRIX STRATEGY

リーダーの「組織マネジメントスキル」とは何か？

次に、「組織マネジメントスキル」について考えてみましょう。

まず、質問です。

問い18 組織マネジメントスキルとは、どんなものでしょうか？

・・・

日頃、ドラッカーなどの経営に関する本を読まれている人も多いと思いますが、あらためて質問されると、簡潔に答えるのは難しかったのではないでしょうか？

たとえばこんな答えが出たと思います。

・組織のミッション・ビジョンを浸透させる
・適切な目標を設定する
・目標と現状のギャップに対して、課題を把握し、解決施策を立案・実行する
・メンバー一人ひとりの能力や性格を見極めて、適材適所で人員を配置する

・成果を上げられる仕組みをつくる
・人材を育成する
・リスクに対して、常にアンテナを張っておき、大きな課題となる前に手を打つ
・優秀な人材、成果を挙げたメンバーには、しっかりと評価をする

日頃、実際に事業経営を通してチームマネジメントをされている皆さんでも、組織マネジメントとは何かを具体的に考える機会は少なかったと思います。

また、MSマトリクスでリーダーの名前を具体的にプロットする際になって初めて、一人ひとりの強みや特徴を考え、はたと「彼らにどんな組織マネジメントを期待していたのか」を考えた人も多かったのではないでしょうか？

では、「組織マネジメントスキル」とは何かを見ていきましょう。

次ページの図は、ロバート・カッツ氏が提唱したカッツモデルに、「組織マネジメントスキル」という要素を盛り込んだものです。それぞれの階層によって求められるスキルをまとめたものですが、マネジメントのレイヤーが高くなればなるほど、より強く「組織マネジメントスキル」が求められることがわかります。

そして、この「組織マネジメントスキル」の内容をもう少し掘り下げたものが、次ページの図です。リーダー層というのは、部下を育成指導する立場ですから、「テクニカルスキル」があることが前提で、さらに、「組織マネジメントスキル」を伸ばしていかなければなりません。「組織マネジメントスキル」は、さまざまな要素が複合的に作用して初めて力を発揮することができます。これらの能力は人により高低はあるにせよ、一定以上の力が備わって初めてチームをしっかり運営できるようになるのです。

それぞれの要素を簡単に説明すると、次の通りです。

・リーダーシップとは

目標に向けて組織を統制できる能力です。そ

カッツモデルと組織マネジメントスキル

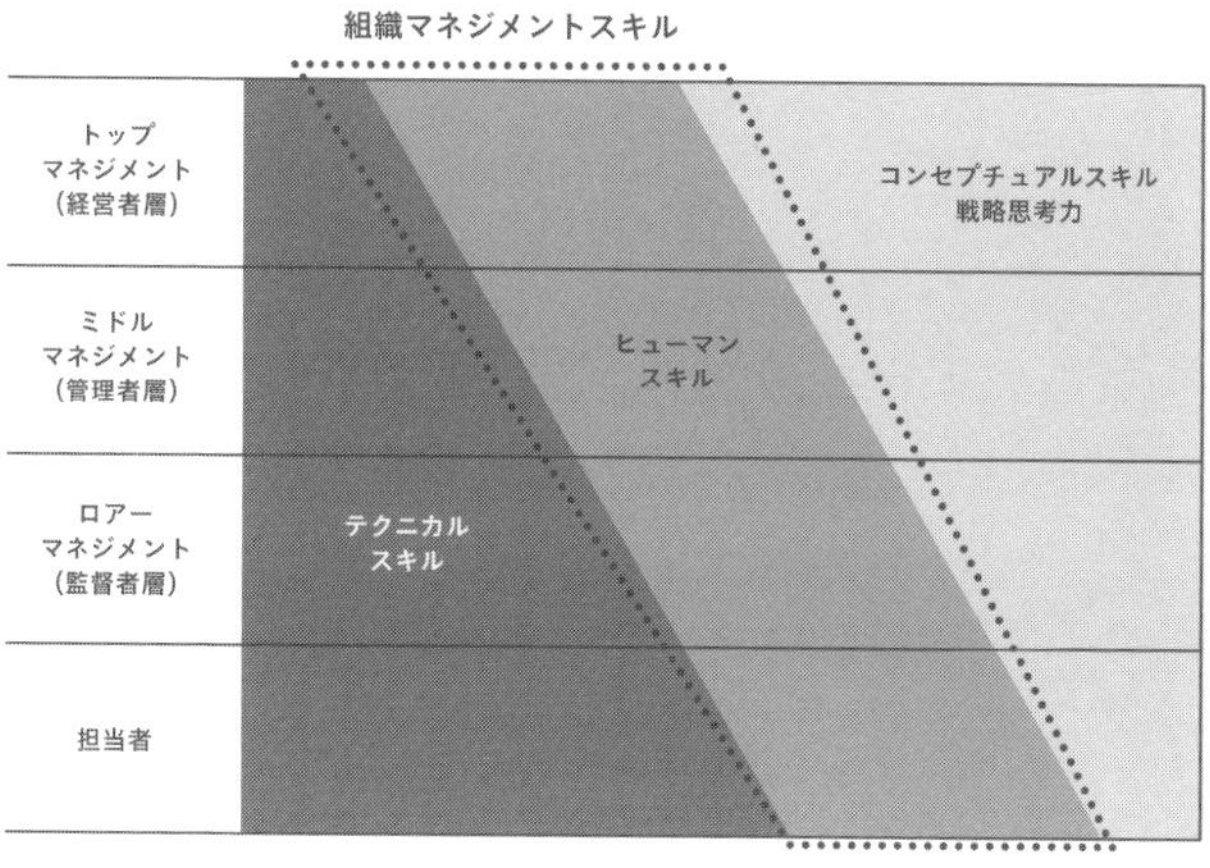

組織マネジメントスキルの全体像

リーダーシップ

- 目標に向けて統率することのできる能力
- 度がすぎるとチームを疲弊させてしまうことも
- 強み……率先力・主張力
- 弱み……受容力・自制心

フォロワーシップ

- チームメンバーの気持ちを汲み取り、周囲との調和を保てる能力
- 強力に物事を実行することができず、目標を達成できないことも
- 強み……受容力・自制心
- 弱み……率先力・達成意欲

戦略立案力

- 実現可能性の高い、効果的な施策を構築できる能力
- 強み……分析力・探究心
- 弱み……行動力

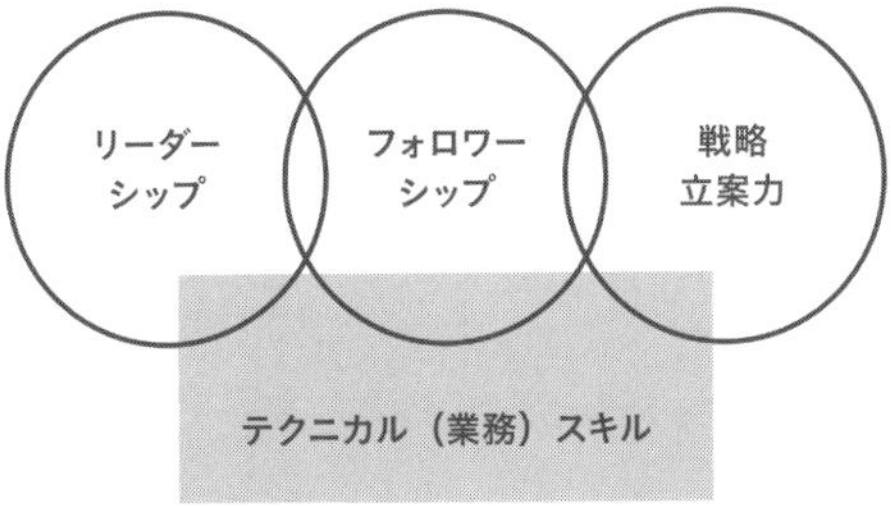

のため、「率先力・主張力」が強みとして挙げられますが、度がすぎると、目標を強要したり、チームの調和より目標を優先するあまり、チームを疲弊させたりしてしまいます。これは自制心や受容力の欠落に起因した際の弱みです。

・フォロワーシップとは

「調和力」のことを指します。チームメンバー一人ひとりの気持ちを汲み取り、チームがうまく機能するために、周囲との調和を保てる能力のことです。周りの心理状況を理解し、モチベーションを上げることができるため、「受容力・自制心」が強いと言えます。一方、チームのことを重んじるがあまり、強力に物事を実行することができず、目標を達成できないなど「率先力・達成意欲」に欠けるデメリットもあります。

・戦略立案力とは

「差別化戦略計画力」のことです。物事を構造的に捉え、全体の因果関係・影響関係を把握する俯瞰力を用いることで、実現可能性の高い、効果的な施策を構築できる能力です。「分析力」「探究心」が強く求められる一方、実行に必要な「行動力」が欠落する恐れがあります。

・テクニカルスキルとは

特定分野の業務における高い専門知識やノウハウのことを指します。特に実行段階においては、テクニカルスキルによる行動が強く求められます。

皆さんは、この4つの力をどのくらい持っていると思いますか？ その大きさをイメージしてみてください。どの要素が大きく、どれが小さいのか。小さいものを大きくするには何が必要なのかを考えてみましょう。

3 MS MATRIX STRATEGY

リーダーの「マインドセット」が向上する2つの方法

では、いよいよ第4章の本題である、リーダー層の「マインドセット」向上のための具体的アプローチを考え、その次に「組織マネジメントスキル」向上について深掘りしていきたいと思います。

ただし、ここで紹介する方法は、あくまで私の経験に基づいて効果的だと思うものであり、すべての企業やケースで最適だということではありません。各社の規模や状況・ステージによって取捨選択したり、順番を変えたり、やり方をアレンジしてみてください。

①MSマトリクスワークによる現状把握と目標設定

まず、リーダーの「マインドセット」の向上に入っていきましょう。

私は、支援先の最初のリーダー合宿の前半で「MSマトリクスへのプロット」をリーダー全員で行ってもらうことにしています。

MSマトリクスを説明したあとで、「ご自分の位置をプロットしてください」とお願いすると、最初は皆さん戸惑うのですが、やり始めるととても盛り上がります。

このワークを、皆さんの会社でも実際にやってみてはいかがでしょうか。

「まったくやるイメージがつかない」と思われるかもしれません。とにかく一度、実施を検討してみてください。最終的に実施を見送ったとしても、実施することを前提に考えることで、より組織づくりの本質の理解に近づくと思います。

では、もう少しMSマトリクスワークショップのやり方についてご説明します。

▼リーダー層のMSマトリクスワークショップのやり方

1　事前準備

・社長ではなく、別のリーダーの1人をファシリテーターに指名します。
・指名したリーダーに、しっかり本書を読んでもらい、ワークショップの意図やポイントを理解してもらいます。
・参加者には事前に『成長マインドセット』を読んでもらい、読後の感想・学び・気づきを提出してもらいます。
・模造紙かホワイトボードに大きくMSマトリクスを書いておきます。

2　実施当日

・ワークショップは、リラックスした雰囲気でできるような環境づくりをしましょう。
・ファシリテーターがワークショップの目的を説明します。
・参加者より『成長マインドセット』の感想・学び・気づきを1人2分程度で発表してもらいます。
・ファシリテーターがMSマトリクスの説明をします。
・参加者全員が自分の名前を付箋に書き、MSマトリクスの中で「自分の現状の位置」に貼っていきます。
・3〜5人で1つの班になります。
・まず班内で、各人の付箋が貼られた状態のMSマトリクスからわかることや、そうなっている要因を考えて、その後、班で議論して発表用にまとめます（A4用紙に箇条書きで）。
・グループごとに発表し、全員で共有・議論します。
・一通り議論が終わったら、再度、全員で自分の名前を最初とは違う色の付箋に書き、今度はMSマトリクスで「1年後に自分がなっていたい位置」に貼ります。
・再度、先ほどの班に分かれて、「1年後になりたい位置にいくためには何が必要か」を考え、班で議論し、同じように全体発表し、全体で議論します。対策は、会社として取り組むこととリーダー個人でできることを分けて考え、具体的計画まで落とし込めるようにします。

・3カ月〜半年後に行う進捗確認会の日程を決定します。

3　3カ月〜半年後

・前回作成したMSマトリクスの横に、新しいMSマトリクスを並べ、現状の位置に再度自分の名前を書いた付箋紙を貼ります。

・半年間の自分の気づきや考え方の変化、具体的対策の進捗や部下との関係性の変化等について共有し、再度対策を議論、決定します。

以降、定期的にこの会を開催していきます。

いかがでしょうか？

この会を上手に運営することは難しいかもしれませんし、もちろんこの会の開催だけですべての組織課題が解決するわけではありません。しかし、このようなワークショップを繰り返し行うことは、一人ひとりが「マインドセット」の理解を深め、新たな気づきや学びを得る良い機会になると思います。

②リーダーの「視点・視野・視座」と「マインドセット」

リーダーの「マインドセット」向上のもう一つ重要なポイントとして、リーダーの「視点・視野・視座」について触れたいと思います。

そこでまた、質問をさせてください。

問い19

あなたは、リーダーの視点・視野・視座とマインドセットにはどんな関係があると思いますか？

〔　　　　　　　　　　　　　　　〕

次ページの図で考えてみましょう。

私は、リーダーの成長と、この視点・視野・視座の大きさ・長さ・深さには、大きな関係があると考えています。上の図のAさんは、自部門の自分のポジションで、今月・来月といった

視点・視野・視座

Aさん

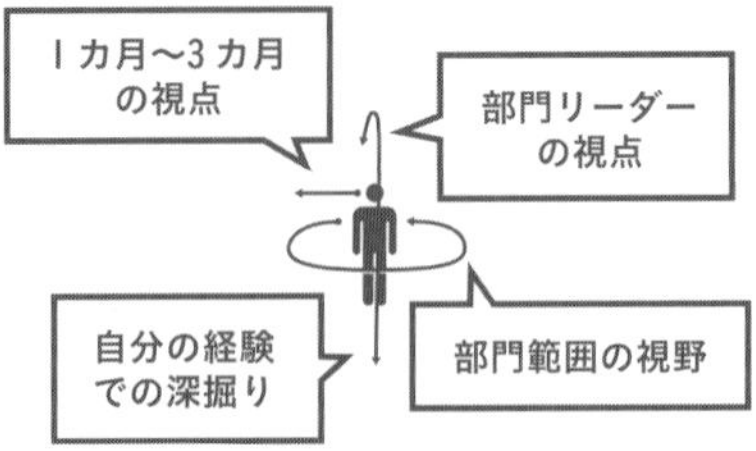

Bさん

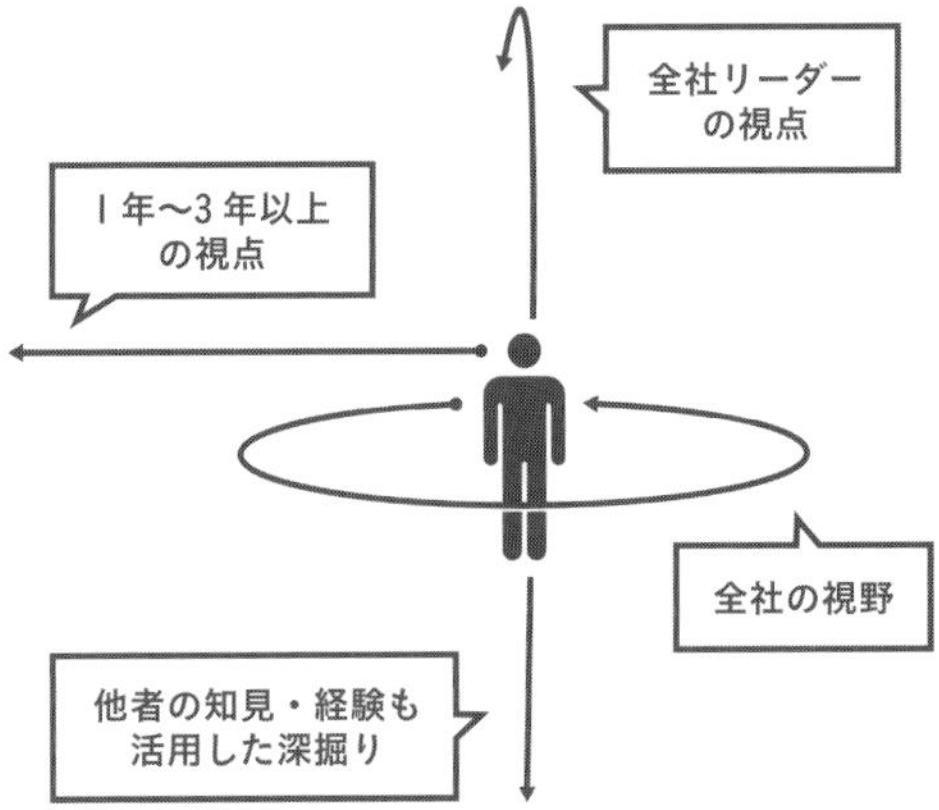

期間、自分の経験に基づいた「視点・視野・視座」で主に考え行動する人です。

一方、下の図のBさんは、自部門を超えて他部門や全社レベルで、上司や経営者レベルからの俯瞰をし、1〜3年以上の中長期の期間を見据えて、自分以外の人の知見・経験も積極的に活用した思考・行動をする人です。

人は、ものごとをどう捉えるかによって、その後の言動や行動に大きな違いが出ます。Aさん、Bさんにも明らかな違いが出ることは想像に難くないと思います。

自部門の短期的な課題で思考・行動するのでなく、組織全体の課題を自らの問題として取り組むことで、これまでとは異なる視点や視座からものごとを捉えられるようになるものです。これがリーダー層であれば、なおさらチーム全体のパフォーマンスに大きな影響を与えます。

また、自分だけでなく部下の視点・視野・視座を意識し、その範囲を大きく広げていくように考え、行動することで、自分の「マインドセット」もさらに成長しますし、「組織マネジメントスキル」にもプラスの影響を及ぼします。

このように「視点・視野・視座」が大きいほうがメリットも得られますから、みんなAさんになってくれればいいのですが、残念ながらそう簡単ではありません。

それはなぜだと思いますか？

大多数の人は、無意識のうちにものごとを同じ場所から捉え、判断し、行動しようとしています。そして、そのレベルの壁にぶつかり、悩んだり苦しんだりしてしまいます。

今いる場所や視点が「コンフォートゾーン（居心地のいい場所）」で、それが「常識」であり、そこにいる自分がアイデンティティなので、変えることに強い違和感があり、場合によっては恐怖心さえ感じるのです。

では、どうすれば視点・視野・視座が大きくなり「マインドセット」も上がるのか、このあとの「組織マネジメントスキルが向上する方法」でも詳しく説明しますが、それには「上がる場・環境」が必要です。

環境を与えるというのは、つまり、**権限・責任・情報を可能な限り与えるということ**です。具体的には、これまで一人のプロジェクトメンバーだった社員をプロジェクトリーダーに抜擢してみるといったことが挙げられます。その立場になったからこそ、わかること、考えられることがあるのです。

私の体験を紹介しますと、若い頃は自分の父親にずいぶん生意気な意見をしたものですが、自分が父親になると、娘たちから同じように厳しい意見を言われるようになりました。若い頃には気づきませんでしたが、自分が親としての権限や責任を持つ立場になって初めて、私の父親がどんな気持ちでいたのかがわかった気がします。

「親の気持ちは親にならないとわからない」ように、リーダーの考え方や行動も、リーダーになってみないとわからないものです。これまでの立場よりも権限や責任・情報を与え、擬似的にでもその感覚を味わってもらうことで、視点・視野・視座が大きく、広くなるのです。

それでも、「任せるのは心配だ」「リーダーのレベルまで達していないだろう」と、不安になる経営者やリーダーもいるかもしれません。

しかし、リーダーが部下よりも視点・視野・視座が高く、広いのは、彼らよりも多くの権限や責任・情報を持ったことが大きく関係してはいないでしょうか。

完全にできるようになったら任せるのか、あるいは任せることでできるようになるのか。

短期的な結果にこだわるリーダーほど、前者を選択しがちですが、多少のリスクをとってでも後者を選択したほうが、中長期的に社員も会社も成長すると私は思います。

そのことを、もう一つ、例を挙げて説明します。

私は大学時代から経営者になりたいと思い、事業を起こす準備をしていました。ただ、当時はインターネットもなく、ベンチャー投資や支援環境も今のように整っておらず、経験や資金も不足していました。そして何より最も重要な「起業への覚悟」もまだ弱かったため、大学卒業後にいきなり創業するのではなく、修行と準備の期間として、父親が経営していた会社に1、2年の予定で丁稚奉公的に勤めさせてもらいました。

特別な役職が与えられたわけではありませんが、会社にとってプラスになると考えたものは、ほとんど遠慮もせずに積極的に企画立案し、実行しました。もちろん、無責任に行ったわけではなく、「自分の会社」という感覚で、責任感も強く持っていました。また、会社の情報に関しても、可能な限り見せてもらいました。

これらは父親が社長という環境だからこそできたことではあるのですが、ここで伝えたいことの一つは、権限と責任・情報の持ち方で、意識や行動は大きく変わるということです。

そしてもう一つが、私のその時の視点です。もし私が、何の関係もない大企業にサラリーマンとして入社していたとすると、そのときの視点の高さと、父の会社での視点の高さを比較してみると、明らかに違いがあったと思います。

自分の部署や行動を考える際でも、常に全社でのメリット・デメリットや中長期でものを捉える視点を持っていましたし、私が社長だったらどう意思決定するかを考えていました。もちろん社長と100%同じではないでしょうが、普通の同年齢の社員とは明らかに異なり、父に近い視点から会社を眺めることができたと思っています。

私の場合は、たまたまその立場を得ることができましたが、その環境を意図的につくれるとしたら、人材育成にとても大きな影響を与えることができると思います。この考え方は、ガリバー時代や、現在の多くの企業の経営や支援においても、次世代の経営幹部やリーダーの視点・視野・視座の拡張に大きく役立っています。

ただし、権限・責任・情報を可能な限り与えること=放任・丸投げということではありません。情報については、人事情報や機密情報以外は可能な限り多く与えたほうがいいですが、権限と責任については、個々の部下のレベルを理解した上で、それよりも「少し上」のレベルを設定することがポイントです。それによって部下は成長できますし、リーダー自身の組織マネジメントスキルもさらに磨かれていきます。

4

MS MATRIX STRATEGY

「組織マネジメントスキル」が向上する5つの方法

リーダーの「マインドセット」向上に続いて、「組織マネジメントスキル」が上がるために欠かせない要素を考えていきましょう。

これに関しては、第3章でご紹介した「個人の成長に必要な5つの要素」がほぼそのまま活用できると思います。成長に必要なものを習得することと、スキルを習得するための原理原則は同じだからです〈次ページ図を参照〉。

そこで再度、5つの要素を一つずつ取り上げながら、「組織マネジメントスキル」が向上するための具体的な方法も併せて紹介していきたいと思います。

①組織マネジメントの適性・才能
↓育成も採用も、テクニカルスキルだけを見ない

人にはそれぞれ個性があり、長所・短所、強み・弱みがあります。また、あらゆるものに向き不向きは存在します。

もちろん経営者やリーダーは、この視点を持った上でマネジメントしていると思いますが、テクニカルスキル面に重きを置きすぎてはいないでしょうか？　今のリーダーの中でも、誰がより高いレイヤーで「組織マネジメントスキル」を発揮する可能性が高いかを考え、育成や配置をすることは、経営の重要な意思決定の一つであると思います。

また、この「適性・才能」については、採用時にも大きく関わってくるものだと考えられます。ヨコ軸のスキルでも、テクニカルスキルが中心で人材を判断してしまい、「組織マネジメントス

組織マネジメントスキル向上に必要な5つの要素

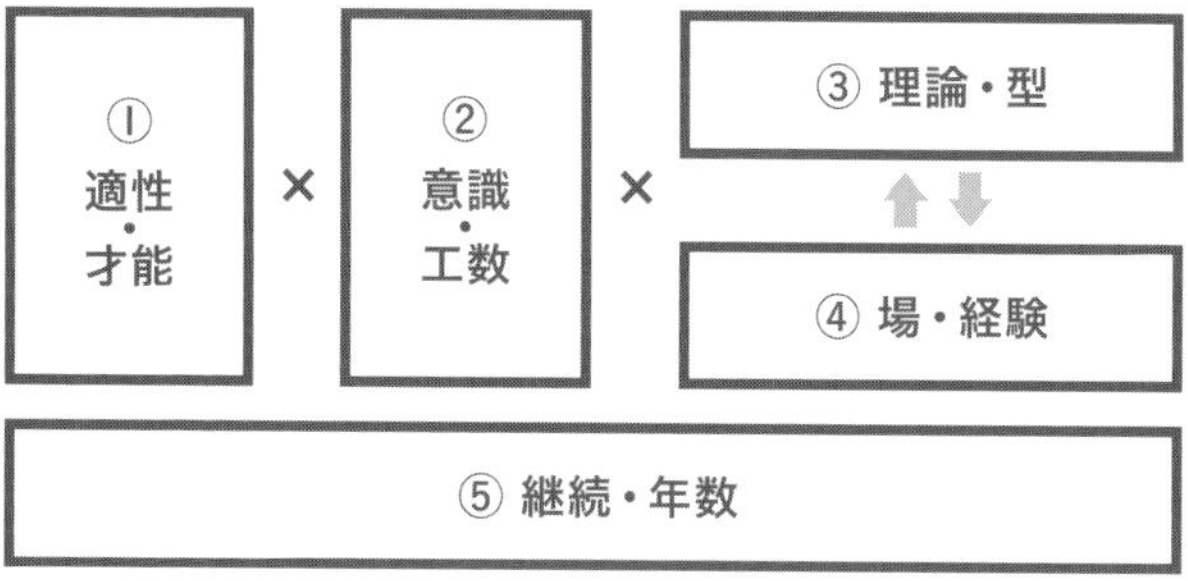

キル」や「マインドセット」の洞察が疎かにならないように注意が必要でしょう。

ただ、本章は「既存リーダー層の成長」というテーマが中心のため、採用のことは次章で詳しく説明しますが、採用の時点でマネジメントの適性・才能のある人材を選ぶことは、中長期的な組織全体の成長に大きく関わってくる大事な要因だと思います。

②組織マネジメントの意識・工数
→覚悟は「意識と時間」に現れる

組織マネジメントスキルの向上にも、強く正しい意識（動機）と工数（時間）の確保が必要です。

気合・根性で、たっぷり時間をかけましょうという意味ではありません。事業が忙しい中でも、しっかり戦略的に、どれだけ工夫して組織や人材育成に時間を割けるかということです。

▼意識／4つの動機矢印

第3章では、ゴルフを例にしましたが、何かのスキルを上げるためには、そのことに関しての強い想いや強い動機が必要だと思います。

ここで、質問です。

問い 20

あなたやリーダーは、会社・チームの組織の強化や人材育成について、どのくらい必要性を感じ、想いを持って取り組んでいますか？

この問い対して、自分の想いや動機を整理する方法として、前著『成長マインドセット』でも紹介している「4つの動機矢印」の考え方が役に立つと思います。

次ページの図は、自分の仕事の見返りや報酬として、何を求めるかをゾーン分けしたものです。この図の中に、あなたが「働く見返り」として何を期待しているかを、矢印の大きさや長さで記入してみてください。

矢印の大きさや長さの分布を見ることで、自分が何のために働いているかという「動機」が明確になってきます。

いかがでしたか？

どのような矢印の大きさや長さが正解ということではないですが、リーダー層としての成長を目指すなら、右側の自分のための矢印だけでなく、左上の部下・仲間の経済的報酬や、左下

**あなたの4つのゾーンの動機の大きさを
矢印の太さや大きさで再現してみましょう**

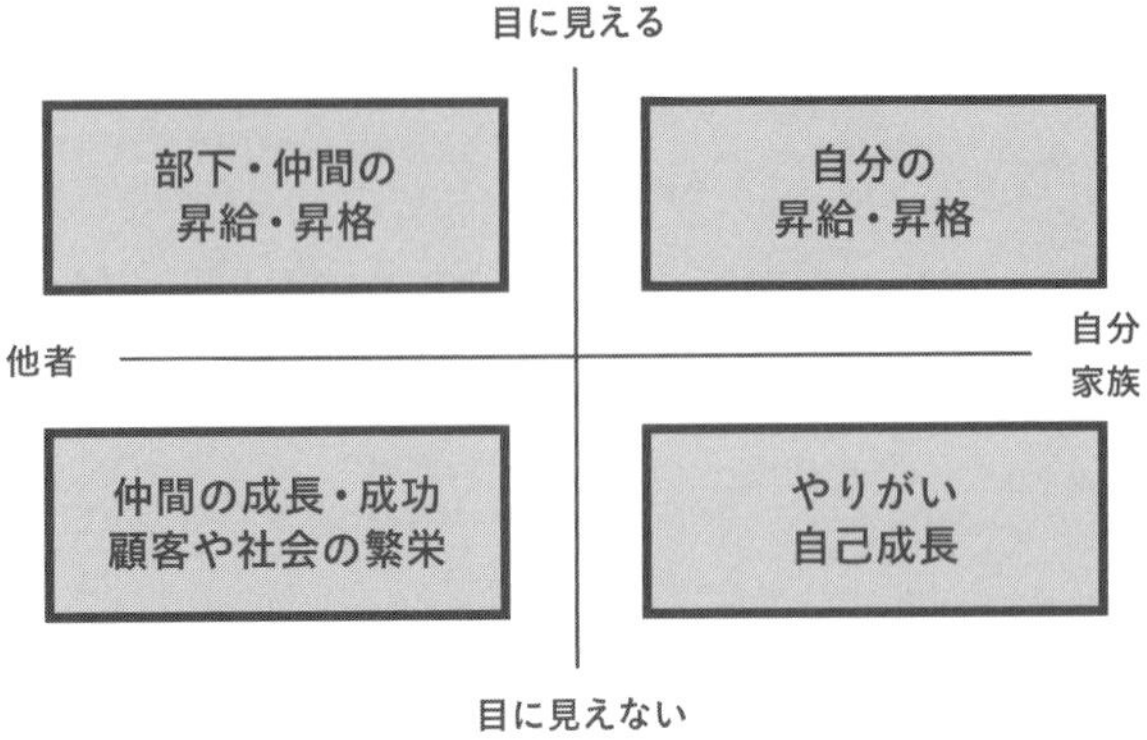

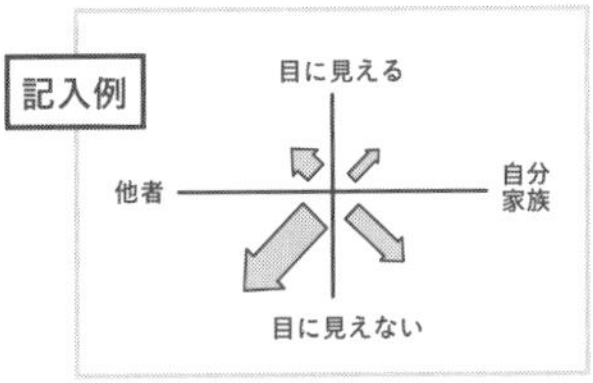

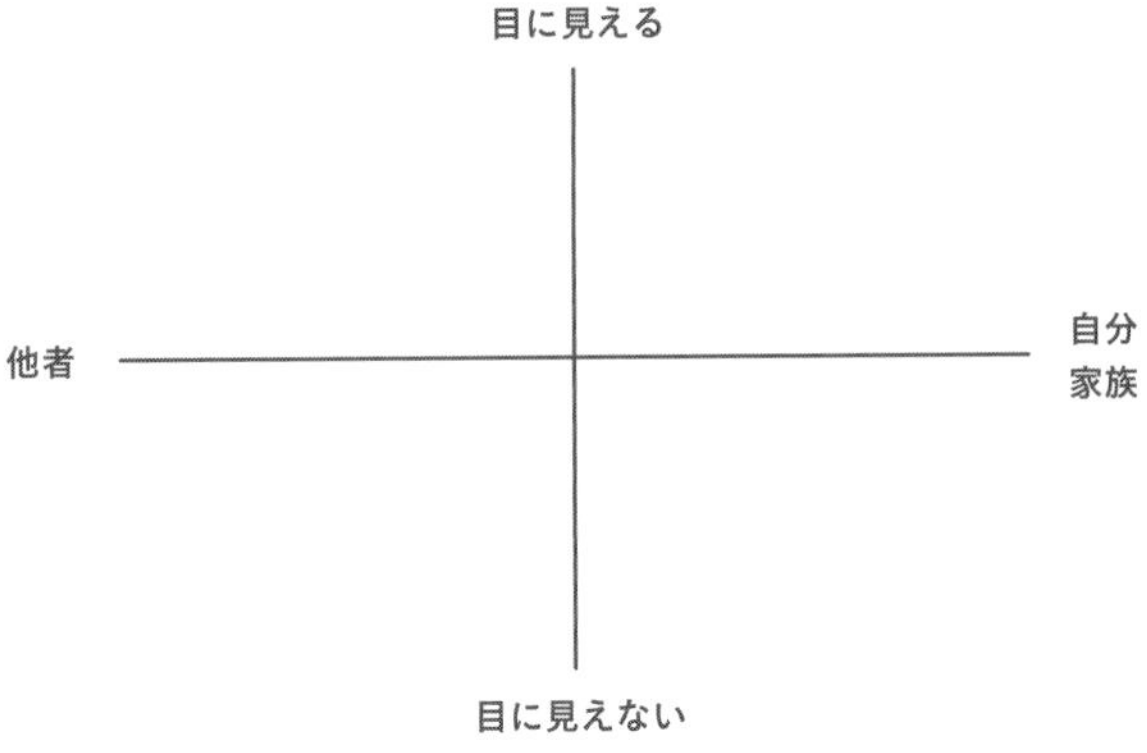

の仲間の成長、顧客・社会の幸せに対しての動機も重要になっていくと思います。

また、矢印を使い、自分の中にある動機を客観的に見ることで、リーダーとしての自分に必要なものが何かという気づきが得られるでしょう。さらに、組織マネジメントスキルが必要だという意識、その力を高めたいという想いも強めることができると考えます。

そして、もう一つ、より意識を高め、スキルが向上するために効果的な方法を紹介します。

自分の人生や仕事にとって重要なコアスキルに関して、学んだものをまとめて、日報やSNS、ブログ等で発信することです。さらに部下や仲間に研修で教えるなど積極的にアウトプットすると、そのスキルは確実に自分のものとなり、レベルも上がります。

私の支援先で、メンバー全員が毎日非常に密度の濃い、自らの想いを込めた日報を書くことを習慣化している会社があります。次ページにあるのは実際に投稿された日報です。経営陣から新入社員やインターンまで、会社のバリューに関した学びや、他メンバーに役立つノウハウ・情報のシェア、感謝の気持ちなど、みんなのスキルとマインドセットが向上するような投稿が常にされています。

日報の形骸化や、生産性の議論が多い中で、自己成長と他者への強い想いや動機があると、同

日報での「学び」のアウトプット

都所遼 Ryo Todokoroリード獲得DJ
3月15日(金)都所

「MSマトリクスのM100ゾーンでの差。」

今日、冨永さんと食事の場で話をした。

ここにきて4年間かけて、いろんな他責思考が消えた。

最近の心境として、LIFE PEPPERの前に立ちはだかる壁を壊すための行動が「誰も共感してくれず、自分しか動かないという状況」でも、一人でだってやりきってやるという心持ちまで来ている。

つまり自分のマインドセットが「M100ゾーンに入った」と自信を持って言えるようになった。

しかし、時々りょうさんや冨永さんを見て感じる「差」は何なんだろうかと考えた。

りょうさんに対して感じる差は、「全社視点で俯瞰したときに課題に対してクリティカルな攻略ポイントを探す思考」。（全社の工数は有限だから、クリティカルヒットを出し続けなければ、加速しない）と、それを実行していく力。（とんでもない粘着力で、確実に施策を周りの人に遂行させる。それでいて周りを最悪動かせなくても、自分でやりきる。挫折しない。）という部分。

冨永さんとの間に感じる差は、「人との対話」。
人間関係で問題が起きたとき、やるっきゃないと腹を割った話をしたり、心のケアをしたり、そういった部分は自分に弱い。

今まではこういう差が存在している事が分かっていたので、自分はM100ゾーンに入れていないんじゃないかと思っていた。

ーーーーーー
ただ、今回の冨永さんとのランチでこれについて気づいた事が二つある。

1.全てを自責100%で考えられるようになって(M100ゾーンに入って)も、その先でどんどん覚悟や想いは深まっていくということ。（これが多分、成長マインドセットでも紹介されているアイスバーグの一番下の段が成長するってことだと思う）

僕の冨永さんはまたこの1週間で、とんでもなく成長しているのが見えた。
自分より覚悟が決まってて、想いも大きいから、成長角度も高い。

M100ゾーンに入った後も、別のアイスバーグという切り口で見るとまだまだ成長をして行く必要がある事がわかった。

2. M100ゾーンに入った後は、スキル軸（テクニカルスキル、ヒューマンスキル、マネジメントスキル、コンセプチュアルスキル）を伸ばしていく必要がある。

理由はM100ゾーンに入ったとしても、上記のようなスキルが伸びてこそ、目標達成に貢献できる大きさが上がるから。
個人的には組織マネジメント力、ヒューマンスキル、コンセプチュアルスキルが特に重要。

テクニカルスキルは、ぼちぼち多少つき始めているというのと、このスキルは業務を真面目に繰り返したり、詳しい人に聞いていけば時間とともに伸びるから、そんなに重要じゃない。

それ以外のスキルは、意図的に取り組んだり、そのスキルの存在を認識して伸ばそうと努力しないと伸びない。

じ日報でもアウトプットの質は格段に変わります。個人のスキルとマインドセットの学びが、他の人への学びにもつながり、強い創発現象も起こります。

さらにこの会社では、毎日の朝会で、前日の日報で一番感動したものを発表し合い、学びの創発がより高まっています。

このように、学びを自己完結するのでなく、外へ積極的に発信することは、自己の動機をより強くし、スキルもさらに磨かれていきます。

▼工数／時間配分

次に、「工数(時間)」についてです。

何かのスキルを上げるためには、そのための時間の確保が必要絶対条件の一つであることは、第3章に書いた通りです。自転車に乗れるようになることさえ、練習時間なしでは難しいことを思い出してみてください。

そして、ここでも質問です。

問い
21
あなたの会社やチームでは、組織の強化や人材育成のためにどのくらいの工数／時間を全体に対して配分していますか？

多くの経営者やリーダーは、事業戦略に積極的に工数を割いて取り組んでいますが、組織戦略や社員の成長に関しての工数を問われると、「あれっ?」と思われるかもしれません。

事業戦略はその効果が見えやすく、業績に直結しやすいため、真っ先に取り組もうとしますが、組織強化や育成は数字ですぐに効果が見えてこないので、無意識に後回しにしてしまうようです。

では、実際にどのくらいの工数を割くのが適正なのでしょうか?

まず、次ページの上の図に、あなたの会社やチームのマネジメントの階層別に、現在、全体の仕事のうちで、事業系と組織系に割いている工数比率を算出してみてください。正確な数字ではなく、おおよその推定の比率で結構です。トップ・ミドル・ロアーの各レイヤーのリーダーが、全体の業務工数を100とした場合に、事業系・組織系の業務工数比率にそれぞれ何%程度を割いているかを考えてみてください。

リーダーマネジメント工数の捻出

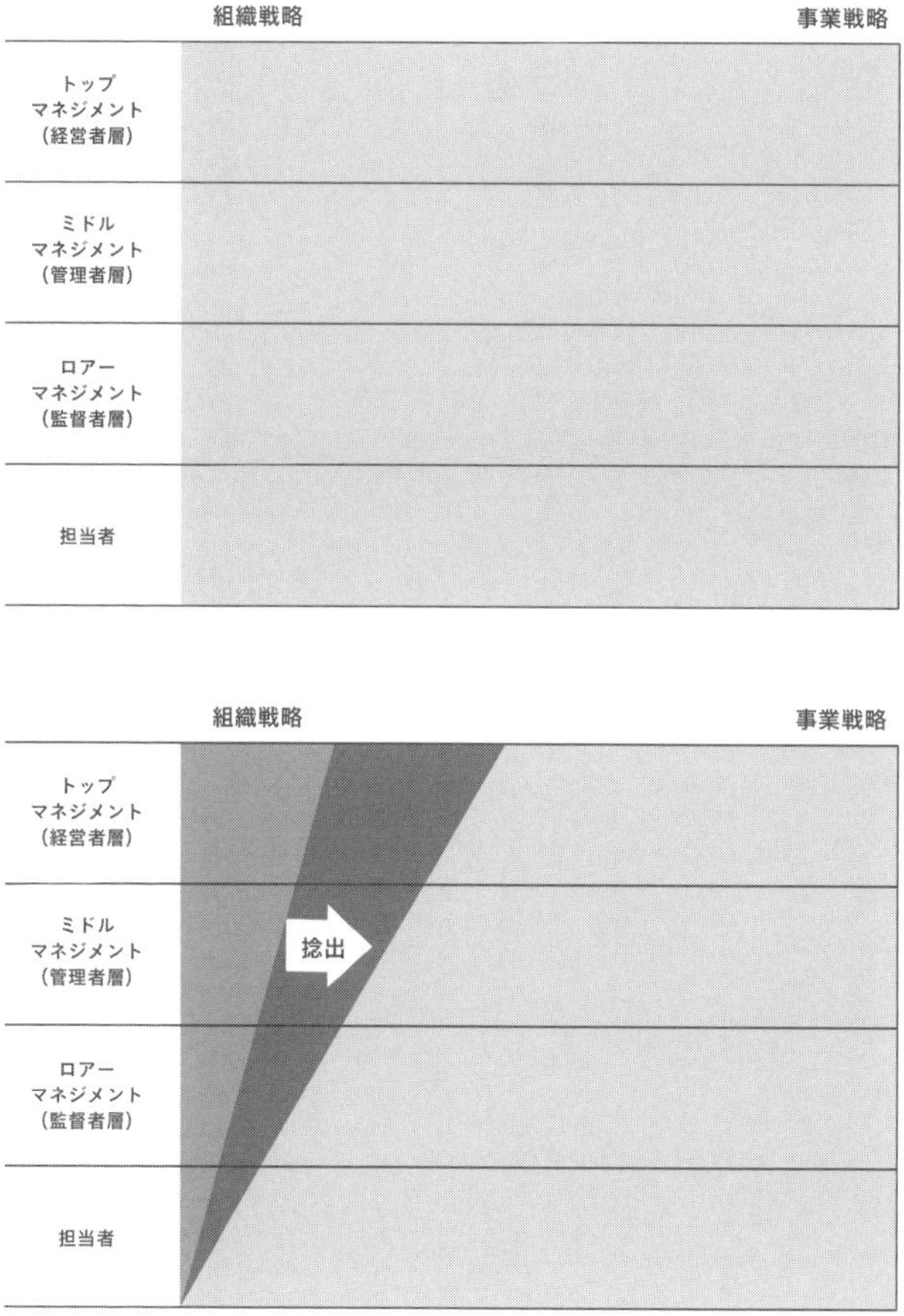

次に、各レイヤーのリーダーが、組織戦略系の工数をどれだけ増やすべきかを、前ページの下の図を参考に考えてみてください。

まだ実践されていない経営者やリーダーは、「いったいそれだけの時間を何に使うの?」と思うかもしれません。しかし、たとえばMSマトリクスの右上に上がっていくきっかけをつくるための、幹部組織戦略会議や組織合宿、組織強化プロジェクトや社内ワークショップの開催、そして「マインドセット」向上に重きをおいた1ON1面談など、真剣に考えていけば実践していないのが不思議なくらいさまざまな戦略や施策のための工数が考えられます。

以前、私のいたガリバーでは、リーダー層で20~40%の工数を組織戦略に使っていました。経営幹部陣に至っては、さらに多い50%の工数を割いていました。

具体的には、社長・役員が組織戦略に何時間を充てるかを計算し、必ずマネジメントに割くことになっていました。「忙しいから」とその時間を他のことに充てることは許されません。もちろんこの比率は各社の状況やフェーズ・戦略によって違いはあるので、多ければ良いというものではありませんが、工数のコンセンサスと見える化はとても重要なことです。

工数配分を明確にできたとしても、事業戦略の実行で忙しい皆さんが、組織戦略の新たな工数を確保するのは簡単ではないでしょう。そこで、工数を確保するためのアドバイスを3つしておきたいと思います。

まず1つ目は、事業戦略の年間計画だけでなく、組織戦略の年間計画も立てることです。スケジュールを決め、事前にしっかり調整しておかないと、組織系は緊急度の高い仕事に押されて延期・中止になりやすい傾向があります。

2つ目は、組織戦略の時間を捻出するために、他の業務の生産性を高める目標設定をすることです。明確な必要性と目標を持つことで生産性は確実に上げることができます。「今まで毎週1時間行っていた会議の中で、月1回は組織系の会議にするために、ほかの会議の無駄を徹底的に排除しよう」と考えるほうが、漠然と「会議の無駄をなくそう」と考える場合よりも生産性は上がります。

そして3つ目が、組織マネジメント工数の確保への覚悟を持つことです。

ガリバーが4000人規模になった今でもマネジメントできているのは、組織づくりに覚悟を持って取り組んできたからです。組織の将来を長期的に捉えて考えてみると、組織図をつくることや採用だけが組織戦略ではないことは明白であり、そこに工数を割くことには十分すぎる価値があります。

③組織マネジメントの理論・型
→3つの円を大きくするマネジメント

リーダーの組織マネジメントスキルを高める3つ目の要素が「理論・型」です。

これは、キャリア形成を考えるときによく使われるフレームワークである「Will/Want・Can・Should」という「3つの円」がポイントとなります〈次ページ図参照〉。この「3つの円」の通常の解釈と、それをさらに進化させた考え方が組織マネジメントの「理論・型」の一つになります。

リーダーが組織マネジメントをする際に、まずこの「3つの円」の構造を理解していることはとても重要です。

最近は、この「3つの円」のうちの「自分の目指したい、やりたいことを仕事にしたい」＝Will/Wantが大きく「それに関係のないことはやりたくない」＝Shouldをできるだけ小さくしたいと考える人が、新入社員かどうかにかかわらず増えているように思います。

最近、書籍やネットの記事でも「好きなことを徹底的に極めればできることも増えて成長できる」といった考え方を多く見かけます。この考え方を否定するつもりはありませんが、深く考えずにこのアプローチだけを盲信してしまうのは危険だと思います。これから説明する考え方も含め複眼的に考えたうえで、自分のポリシーを持つことをお勧めします。

この円の解釈について、事例を使って考えてみましょう。

「自分はマーケティングがしたくてこの会社に入ったので営業は絶対やりたくありません」というM君がいたとします。M君のライフプランを、❶マーケティングのスペシャリストになりたい、❷将来起業を目指している、の2つのパターンで考えてみましょう。

通常の「3つの円」

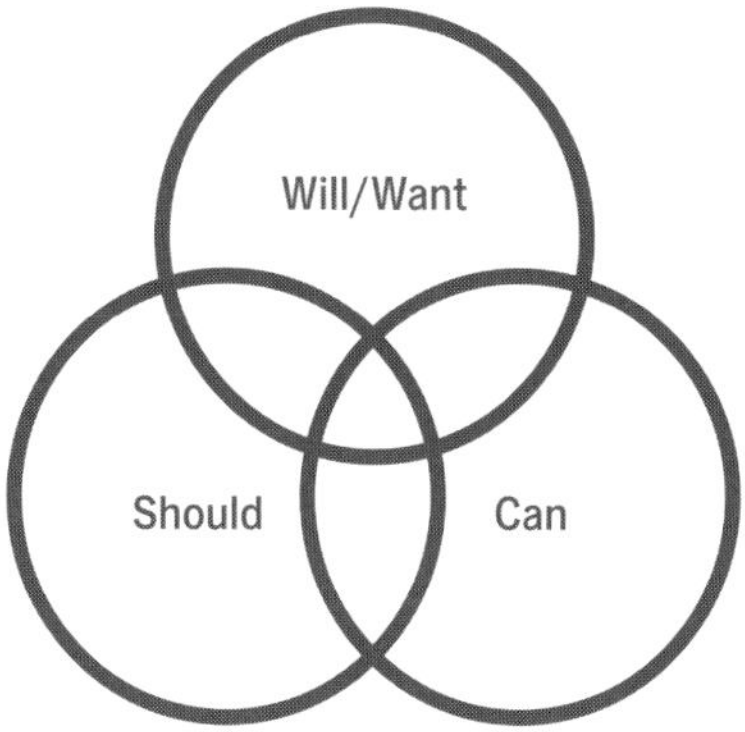

❶の場合、本当に直接マーケティングの部署に入ることだけが、彼にとって好ましいことでしょうか。顧客課題のヒヤリングや、自社プロダクトのプレゼンテーションもある意味立派なマーケティングです。また、まったく現場経験なしで一流のマーケティングのスペシャリストになれるとも思えません。

次に❷の起業し経営者を目指す場合です。起業した場合、どんな会社でも(それがマーケティングコンサルの会社でも)営業部門が無いケースはほとんどありません。

さらには起業すれば、最初少人数で営業だけでなく、システム開発、CSや、人事・採用、経理・財務など一通り何でもやることになります。

彼はこの営業の仕事が、「3つの円」のうち、やりたくない、自分には必要のないShouldだと感じるかもしれません。しかし、それをやってみることで、できることCanが増え、やりたいことWill/Wantができるようになるという考え方です。

Should→Can

ここまでがこの「3つの円」の通常の解釈です。これをしっかり理解し、メンバーに接するだけでも、彼らの成長は大きく変化します。そして、ここからが進化形です。

進化形では、次のようにしていきましょう、という提案です。

Should→Need→Take

営業の仕事が「やるべきこと」＝Shouldではなく、Will/Wantを実現するために「必要なこと」＝Needであると洞察し、向き合います。そしてさらにステップアップさせて、より能動的に「取りに行く」＝Takeの気構えで行動するように進化していくのです。

この能動的な行動・主体性こそが、マインドセットやスキルを大きく成長させる原動力になります。

よく「体験学」が重要だと言われますが、「体験学」についても、他責にしない、当事者意識

進化形の「3つの円」

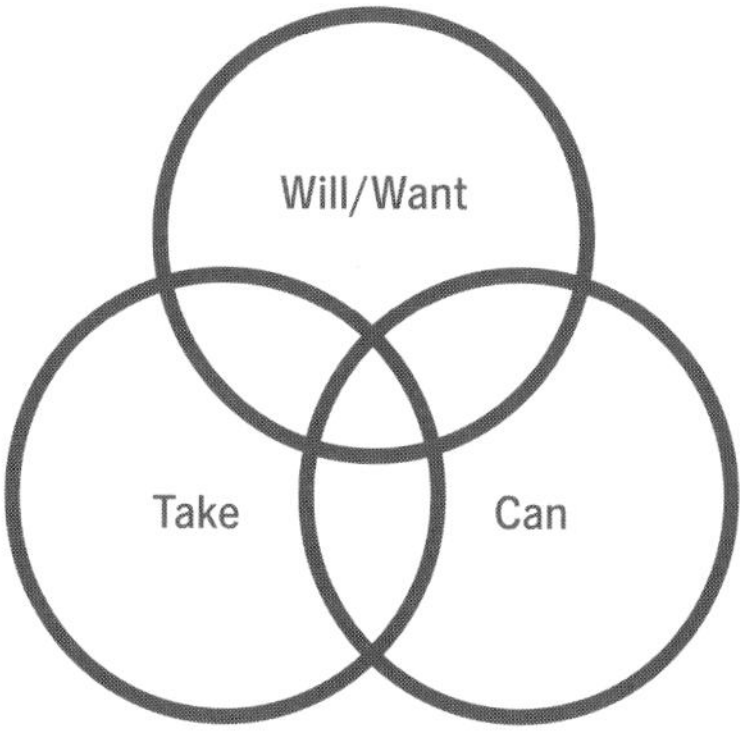

100％の行動でなければ、身につくものは多くありません。

往々にしてリーダーは、メンバーのWill/Wantを叶えることを意識しすぎたり、逆にShouldをこなすことがビジネスパーソンの役目だと考えすぎたりします。メンバーの意思の尊重は重要ではありますが、当然それは会社が存続・発展することと同期しながらが大前提です。

また、Should/Need/Takeは一方的に命令して強制的にやらせるものではなく、その必要性をメンバーが気づかなければなりません。頭ごなしに「売ってこい」「ノルマがいくらだ」と押しつけるのではなく、今、任されている仕事は、本人のWill/Wantへつながる経験だという気づきが必要です。

そして、メンバーがこの「3つの円」の関連性やバランス、順番や道筋、時間軸の概念を、自分のキャリアプランに活用し、「3つの円」全体を大きくしていくことが、組織マネジメントにおけるリーダーの大切な役目なのです。

④組織マネジメントの場・経験
→船長室・本陣にリーダーを集める意味

リーダーの組織マネジメントスキルを高める4つ目の要素が「場・経験」です。

マネジメントスキルが向上するには、部分最適視点になりがちな通常業務とは別に、全体俯瞰ができ、全体最適の思考が要求される「場」を「経験」する必要があります。当事者として社長・経営層と同じような視点に立たなければ成し得ない課題解決や、全社横断的な思考・行動が必要なプロジェクトをまるごと任せる経験がそれにあたります。

▼リーダーが社長・経営層と同じ視点に立てる場をつくる

ここで、次の問いを考えてみてください。

問い22 リーダーが社長や経営者と同じ視点で物事を捉えるためには何が必要でしょう?

・・

より高い役職への昇格でしょうか? これでは役職乱発バブルになり、組織は逆に疲弊してしまいます。

実は、「会議のやり方」を少し変えるだけで、それが可能だとしたらどうでしょう?

ふだん当たり前のように行っている会議の継続が、リーダーやメンバーの視点や思考を狭め、固定化させているかもしれません。皆さんの会社では、次ページの図のAのような会議が行われていないでしょうか？

A　報告・レビュー型会議

この図は一般的な階層型の組織図と、そこで行われる会議の形を表しています。週次進捗会議や案件レビュー会議など、よく実施されているものです。担当や部門リーダーが上司に実績や業務報告をして、それに対して上司が指導やアドバイスをします。

この形に問題があるわけではありません。ただ、この場合、各担当者やリーダーは自分の部門の利益や課題解決に集中し、部分最適だけを考える傾向が強くなります。

私が支援している会社でも、メインの会議はこの形がほとんどでした。

一方、私が提案するもう一つの会議形式は、次ページの図のBのような形です。

B　全社共通課題会議

この会議は、参加者は同じなのですが、やり方がまったく違います。部下からの報告に対し

A　報告・レビュー型会議

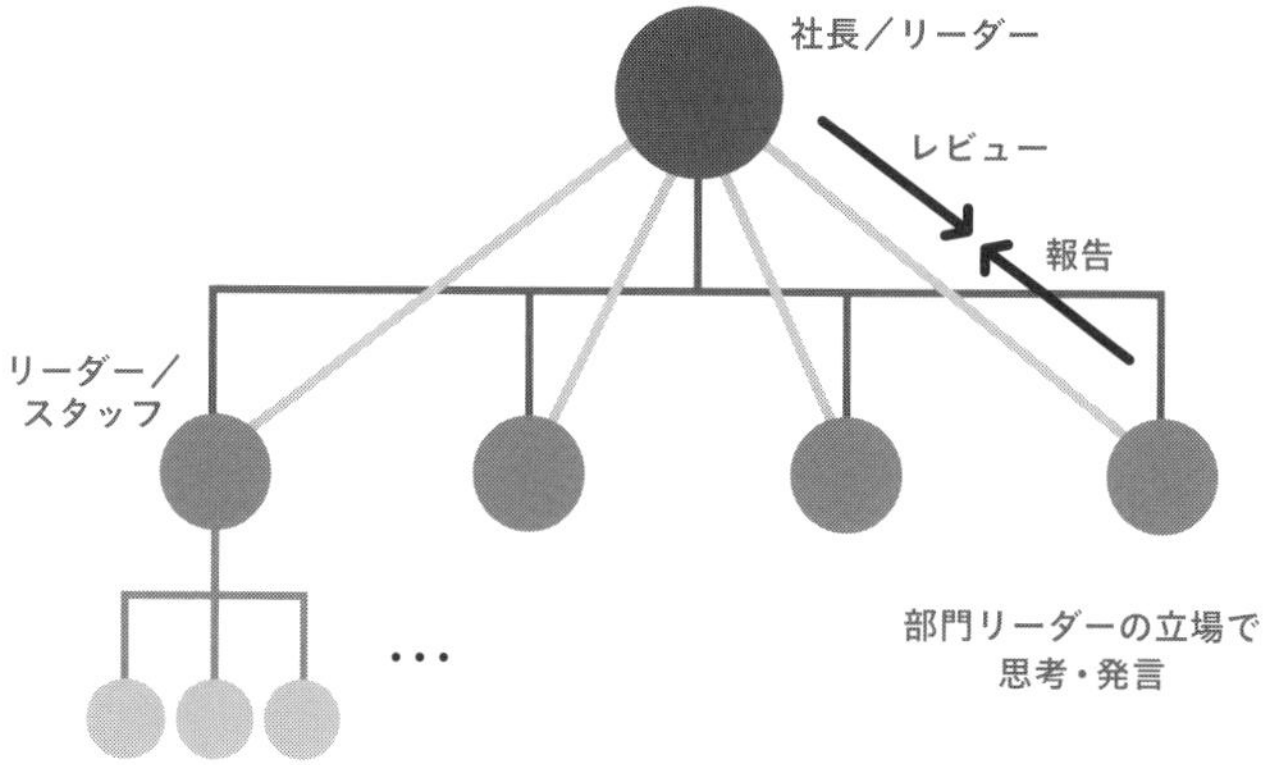

B　全社共通課題会議

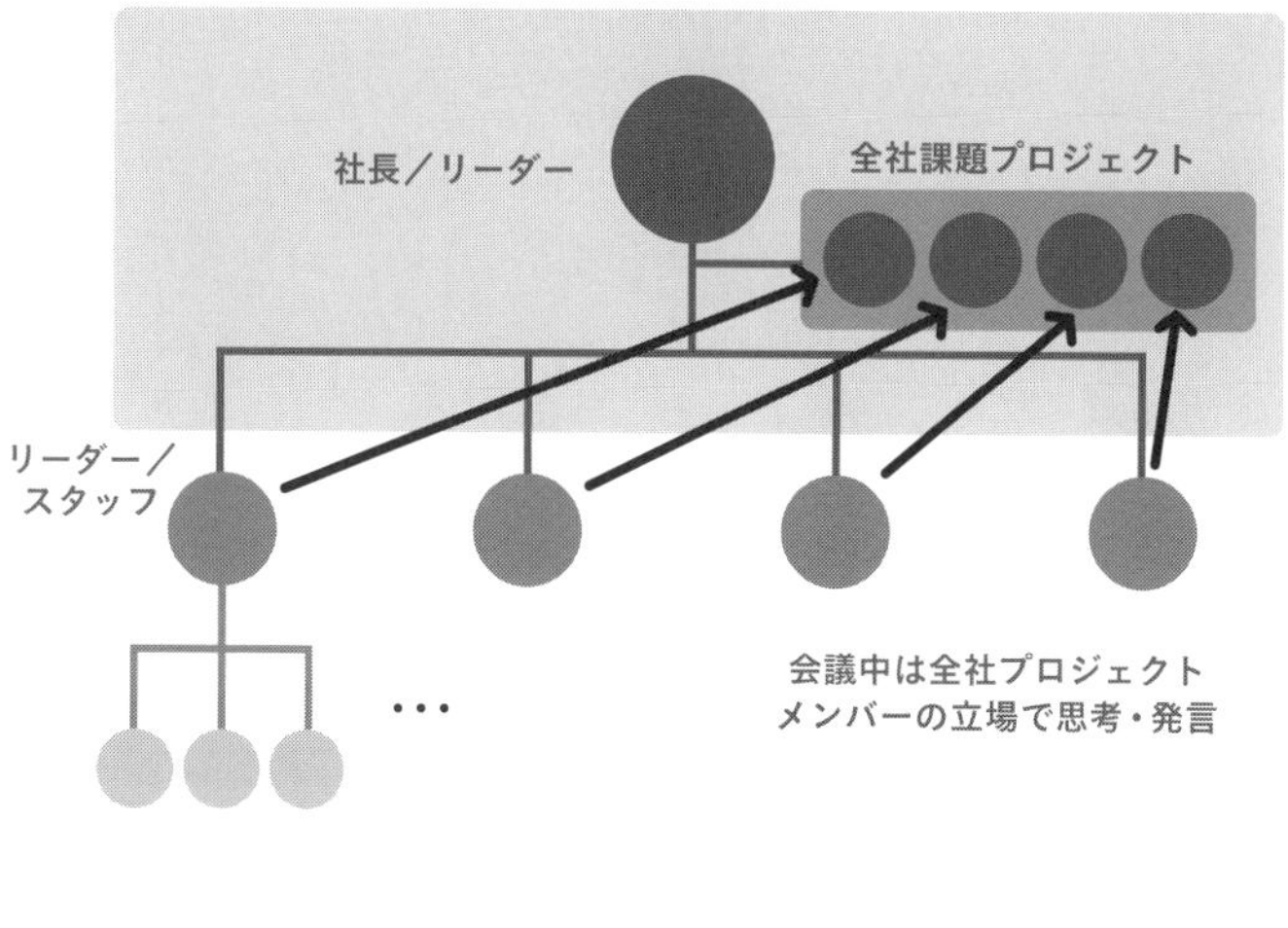

て上司からの指導やレビューという形ではなく、全員で同じ全社課題の解決に関して議論、決定をしていきます。各リーダーが社長・経営層と同じ立場になって考えるものです。参加者は報告・レビュー型会議のAの立場からの意見ではなく、Bの全社プロジェクトの立場で意見を言う必要があります。全部の会議をこの形で行う必要はありませんが、月1回とか、一定の頻度を決めて、全社の重点課題をリーダー層全員で真剣に考える場をつくると、リーダーが自部門の部門最適だけでなく、全体最適の視点で考えることができるようになります。

▼リーダーを船長室や本陣に集めて「船長室会議」「本陣会議」をする

この全社共通課題会議をよりイメージしやすい2つのたとえとして、「船長室」と「本陣」があります。

「船長室」とは、船長が気象や海の状況、運航スピードを考慮しながら船の針路を定める場所です。船内には、客室係やレストラン責任者、機関士など役割に応じたリーダーがいます。各リーダーはそれぞれ担当業務を一所懸命に遂行しています。しかしそれだけだと船全体がどんな状況なのか、その状況に適したベストの行動を思考・選択することが難しくなります。

もちろん、船の状況は連絡網などで送られてくると思います。ただ、そのトップダウンの情報しか届かないのと、定期的に「船長室」に集まって会議が行われるのでは、実際の思考や行動にどんな違いが生まれるか考えてみてください。自分の担当場所から船長室に上がり、海のはるか彼方を見ながら、海図や気象予想図、船全体の状況を確認する。そして、現在の船全体の最も重要な課題に対して、議論し対策を考える――。

いかがでしょう？ 普段の担当の仕事だけでは得られない何かを得ることができますし、視点・視野も大きく変化すると思います。

また「本陣」も似ていますが、船長室よりさらに戦略的な会議が行われる場です。

本陣とは、戦国時代に合戦の流れを見極め、戦地で実際に戦う部隊に対して指示を出したり、武器や食料の分配を決めたりする場所です。

各部隊のリーダーたちは、日々、自部隊の戦いで精一杯です。そして、兵力や武器、食料が足りないといつも悩んでいて「なんでうちの部隊ばかり支援が少ないんだ」と不平不満さえ出てしまいます。しかし、本陣に集まり全体の戦況を把握すると、苦しいのは自分たちの部隊だけでないことを理解し、さらにこの状況下でいかにしたら全体の戦いに勝つことができるかの戦略を考え始めます。「うちの部隊も大変だけど、他の部隊に武器や食料を少し渡したい」といった、今までとはまったく違った視点の言動が生まれます。まさに、全体戦略・全体最適の考え方です。

この手法をみなさんの会社の会議に取り入れみてください。

会議の一部をこの形に変えることで、リーダーは全体視点を持ち、全社課題に対して覚悟を持った行動に変わります。

なお、会議の具体的な進め方や注意ポイントに関しては、特別章の「弁証法的会議」で詳しく説明していますので参考にしてください。

▼リーダーにプロジェクトを一任し、当事者意識100%を養う

もう一つ、リーダーの組織マネジメントスキルを向上させるための「場・経験」として重要なのが、「どのレベルまでの場を任せて、どういう経験を積んでもらうか」です。

また、質問です。

問い 23

左の仕事で、どのレベルの場・経験が、よりリーダーの組織マネジメントスキルを向上させるでしょうか？

作業・業務・プロジェクト・事業・経営

この問いに対する答えは、もちろん規模にもよりますが、一般的にはこのような順番になるでしょう。

経営＞事業＞プロジェクト＞業務＞作業

もちろん規模にもよりますが、より上のレベルの仕事ほど、より高い組織マネジメントスキルを必要とします。

ですから、育成の視点でもっとも効果的なのが「経営」をさせることですが、いきなり全体の経営を任せるのは不可能です。次の選択肢としては、子会社の社長を任せることです。しかし、これもその必要性やタイミングの問題であり、すべての会社にできることではありません。

そうすると、次がもっとも現実的で有効な施策と言えます。

それは、「プロジェクトをまるごとリーダーに任せること」です。一つのプロジェクトの権限・責任・情報を、リーダーに思い切って全部与えてみるということです。

リーダーはそのプロジェクトに関しては、社長と同じように全社に対して影響することを任されるので、リーダーの当事者意識もより高まります。

しかし、「リーダーへ権限を委譲する、任せる」という話を社長にすると、必ずと言っていいほど次のような意見が出てきます。

・自分の仕事をリーダーに任せるのは不安だ
・まだ任せるほどリーダーが成長していない
・自分で対応したほうが早いので、任せると生産性が下がるのではないか

こう考えてしまうことは理解できますが、これだと〝任せないからできるようにならないループ〟から抜け出すことはできません。

ここで重要なことは、「各リーダーによって任せることができるレベルを変えること」と「そのリーダーができることより少し高いレベルの仕事を任せること」です。

簡単にできることだけを任せる、あるいは、細かく指示をして考える余地を与えないままでは、リーダーは成長できません。

思い切って、そのリーダーにとって一歩上のレベルの仕事を任せてみましょう。これがプロジェクトを任せるということなのです。

〝任せないからできるようにならないループ〟を、最初だけ我慢し、少しだけ長期視点で考えると〝任せたからできるようになり、また高いレベルを任せることができるループ〟にシフトで

きます。私の支援先の社長も、私の説得で我慢して任せてみると、「あんなにいきいきとやっているし、思ったより頼りになって驚きました」と喜びの声をよく口にします。

では、どんなプロジェクトを任せればいいのでしょう?

リーダー本人が全社視点・部門横断的なもので、仕組みを考えるようなものであれば、どんなものでもプロジェクトとなります。同じようなことを依頼するにしても、その意義や目的、仕組み化などの伝え方で、「作業」にも「仕事」にも「プロジェクト」にも変わり得るのです。

たとえば、(あえて非常に小さい仕事を例としますが)会社の備品消耗品の補充に関しての仕事を任せるときに「なくなったら補充して」と指示をするだけでは、深く思考することがありません。補充を作業として行うだけです。

しかし「会社の備品を常に適正な量に保つ仕組み化プロジェクトを任せるのでリーダーとして考えて」と言うと、課題や仕組みを全体視点や中期視点で考えることができ、成長する機会も広がります。

プロジェクトの大小にかかわらず、まるごとリーダーとして任せられることで、その経験がリーダーの組織マネジメントスキルを確実に高めることにつながるのです。

⑤組織マネジメントの継続・年数
→設計図がなければ家は建たない

リーダーの組織マネジメントスキルを高める5つ目の要素が、「継続・年数」です。第3章でも触れましたが、ほとんどのスキルで継続が必要なように、組織マネジメントスキルでも、継続的に経験を積む年月が必要です。

しかし、お会いする経営者やリーダーの皆さんは、一刻も早い結果を求めています。そのために陥りやすいことが3つあります。

1つ目は、組織課題の原因が部下のほうにあると考えてしまうこと」です。他者に原因があると考えると、自分のマネジメントを改善する具体的行動が疎かになります。まずは自分が何かできるかを考える思考が必要です。

2つ目が、「中期成長育成計画を立てていないこと」です。家は1日では建ちませんし、設計図がない家もありません。2~3年スパンの視点で考え、計画を立てることは、経営には必須です。

3つ目が、「今いるリーダーのスキルがすぐに身につかないとなると、育成を諦めて、外部からのスキルが高い即戦力人材の採用だけに頼ろうとすること」です。そのような人材はあまり流動しておらず、採用の難易度は非常に高いと言えます。採用だけに頼り、現在の人材の成長サポートを諦めるべきではありません。

この3つの陥りやすい罠を打破し、彼らの成長を加速させるために重要なのは、次の5つのステップです。

❶「成長育成設計図」をつくる
❷成長育成対象メンバーに、成長の重要性やあなたの想いをしっかり伝える
❸そのメンバーと、成長育成の目標イメージと期限を握り合う
❹その期間、メンバーの成長に真剣に向き合う
❺一定期間（約半年）に1回、成長の進捗や課題について共有し、一緒に考える

これらのことは、スピードが重要な現代において、とてももどかしいことかもしれません。「ビジネスだし、給与を払っているのだから、プロとして自分自身で成長してほしい」「もっとドライに考え、合理的にマネジメントしたい」と考える人もいるでしょう。それはそれぞれの組織ポリシーですので、まったくの自由です。

しかし私はこの5つを通して、彼らの成長を自分の家族のように考え、想いを持って行います。機械やプログラムだけで人間が介在しない組織であれば別ですが、組織には人間同士の化学反応や創発が必要であり、そのために長くじっくり彼らの成長に向き合う覚悟も必要だと思っています。

中長期で成長を考える

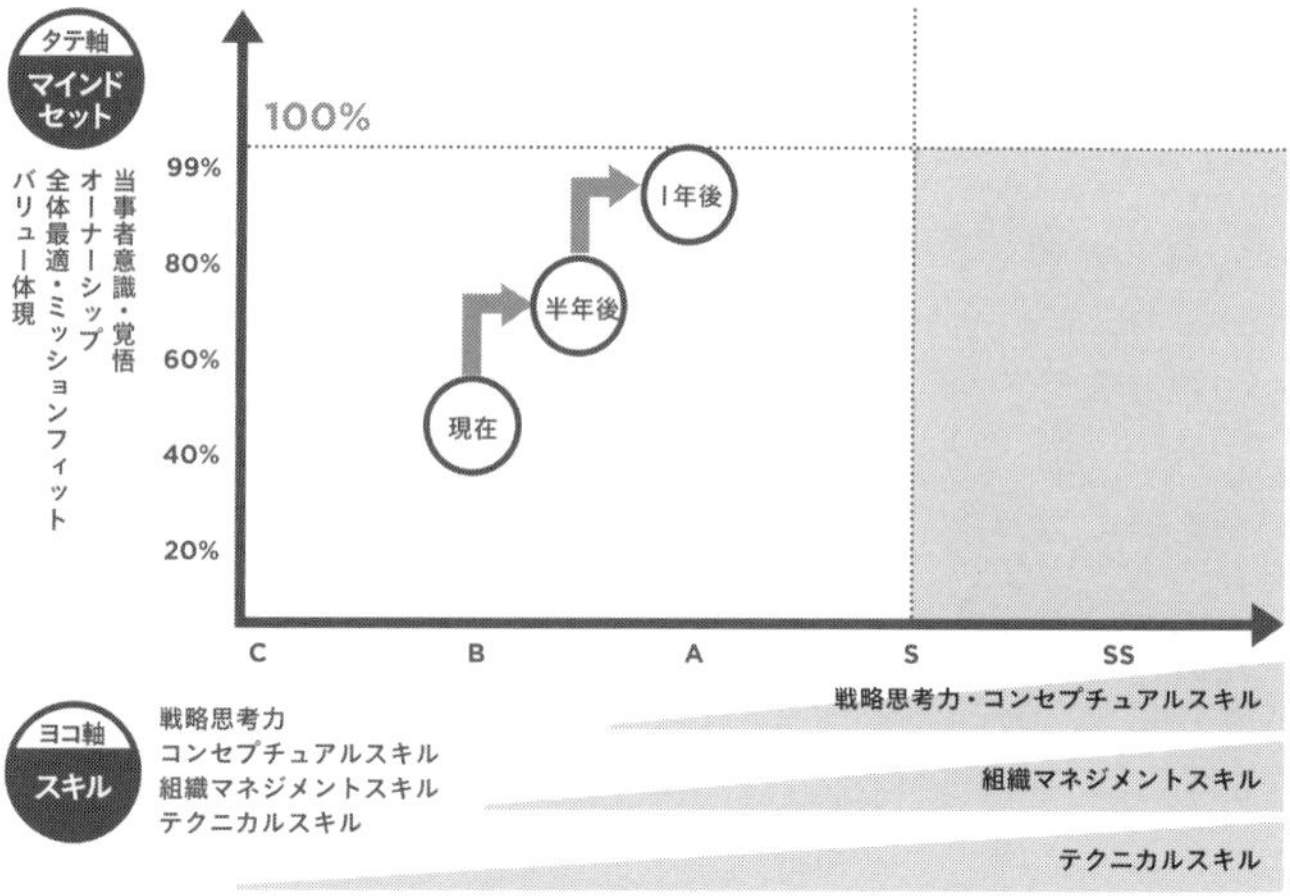

第5章

MSマトリクスを採用・評価にも活用する

〈ある経営者からの手紙〉

OM様

今までいただいた多くのアドバイスで、自社の組織について再考することができました。本当にありがとうございます。

社員が一丸となり、ミッション・ビジョンに向かって、戦略を推進できる、強く理想的な〝全員経営者〟の組織を育てていくには、まずリーダーの「マインドセット」が高まるための場づくりや、「組織マネジメントスキル」の向上が必要なことが理解できました。これから教えていただいたことにチャレンジし、継続していきたいと思います。

MSマトリクスには、組織づくりや人材育成において、多くの学びと気づきがありました。その中でも、特に大きな発見だと感じたものがあるので、そのことについてお聞きします。

実は、MSマトリクスの考え方が、組織づくりと人材育成だけでなく、「人材採用」や「評価」にも応用ができるのではないかと思ったのです。

この考えが間違っていないようでしたら、もう少し採用や評価へのMSマトリクスの活用について教えていただけないでしょうか。

よろしくお願いいたします。

株式会社ソシキオ
代表取締役社長　SO

株式会社ソシキオ

SOさん

お手紙ありがとうございます。

ここまで、強い組織づくり、優れたリーダーの育成等についてお話ししてきました。

ただ、人が健康体質に改善したり肉体改造したりするのに時間がかかるように、また、会社が財務体質改善に長期間を要するように、組織や人の成長も時間がかかります。強い信念と正しい方法で、辛抱強く頑張ってください。

そして、この話が一通り終わったらお話ししようと考えていた、「MSマトリクスの評価や採用への活用」について気づかれたSOさん、さすがですね。

MSマトリクスのコンセプトや育成への活用を十分ご理解いただいているので、採用や評価への活用に関しても、可能な限りお話しさせていただきます。

OM

1

MS MATRIX STRATEGY

MSマトリクスの採用・評価への応用

これまでの章では、MSマトリクスを使って「全員経営者マインドセット組織」をつくるために、「自社組織の現状把握&目標設定」や「組織力強化」について説明してきました。組織・戦略の中で言えば、育成・教育的な面が強かったと思います。

しかし、**このMSマトリクスは、SO社長の気づきのように、採用や評価といった部分への応用が可能**です。MSマトリクスというコンセプトが、「組織に必要な人材」を見える化する上で、シンプルで強力な原理原則だからです。

この考え方をイメージで表現すると、次ページの図のようになります。私はこれを「MSマトリクスツリー」と呼んでいます。

ツリーの一番太い幹に当たる部分が、MSマトリクスというコアコンセプトそのものであり、「自社組織の現状把握&目標設定」（MS1）や、「組織力強化」（MS2）が、それぞれ幹から分岐する枝になります。
そして、これから説明する採用（ＭＳ３）・評価（ＭＳ４）もＭＳマトリクスの幹から伸びる枝なのです。

また、このツリーの土壌となっているのは、私の前著『成長マインドセット』の概念です。『成長マインドセット』は個人の成長について書いたものですが、その考え方はこのＭＳマトリクスツリーの水分や養分として必要不可欠であり、社員一人ひとりの成長マインドセットの腹落ちと体現があってこそ、このＭＳマトリクスツリーも強く大きく育つというイメージです。
だからこそ、リーダー向けのワークショップなどでも前著を事前に読んでもらうことにしているのです。

MSマトリクスツリー

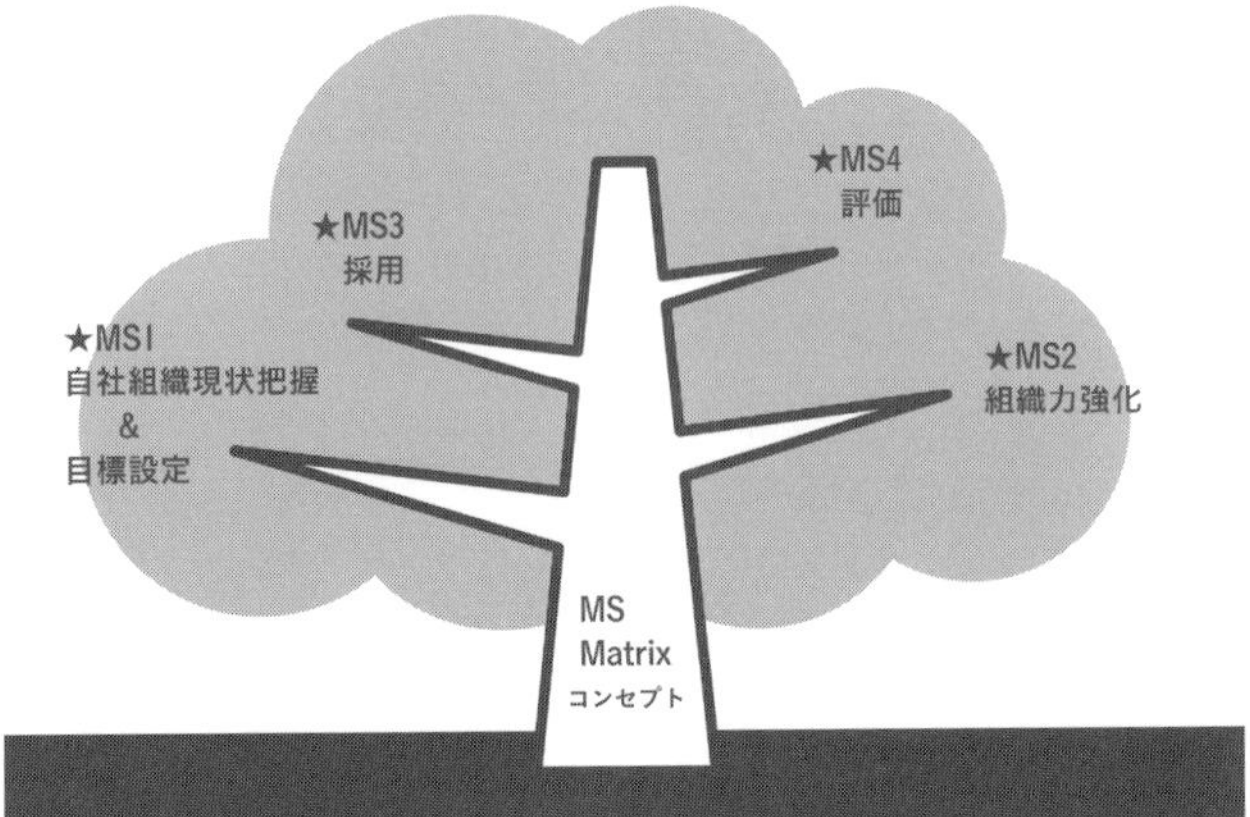

2

MS MATRIX STRATEGY

MSマトリクスを採用に活用する

それでは早速、採用(MS3)について話を進めていきましょう。
まずは自社の採用の現状についての質問です。

問い24

自社の採用は戦略的に行っていますか?
次の項目でできているものにチェックしてみてください。

□採用対象を明確にターゲッティングしている
□ターゲットごとに採用戦略を考えている
□候補者の見極め基準が明確になっている
□クロージングの戦略がある
□人事部以外に各事業部も採用に巻き込んでいる

いくつチェックがつきましたか？

これらの項目を踏まえた戦略に、ＭＳマトリクスを活用することができます。

また、ＭＳマトリクスを使うことで、次のようなメリットも生まれます。

・徐々に採用基準の統一化が進む
・社内で共通言語ができる。価値観の共有もできる
・ターゲット別に戦略立案ができる
・採用面接で何を見て判別したらよいかわかる（こういう人を採用してはいけないがわかる＝スクリーニング）
・信念や自信を持って採用したい人材を口説くことができる

採用ターゲット別で見たときのＭＳマトリクス

実際にＭＳマトリクスを使い、自社の採用ターゲットを考えてみましょう。

問い
25

あなたの会社はどんな人を採用したいと考え、具体的にはどんな採用活動をしていますか？

・採用したい人　〔　　　　　　　　　　　〕
・行っている採用活動　〔　　　　　　　　　　　〕

採用においては、採りたい人材に合わせて、戦略を変えていく必要があります。

企業の商品やサービスをマーケティングしていく上でも、まずは「顧客は誰なのか？」、そして「どのように分類できるのか？」など、ターゲットを明確にして、ターゲットごとに販売戦略を立案していく手法があります。同じように、人材採用においても、まずはターゲットを明確にすることから始めます。

しかし、このターゲティングを意識せずにメンバー層もリーダー層も一括りにしてしまい、「とにかく優秀な人がほしい」と考えてはいないでしょうか？

また、そもそも優秀な人の定義が明確でないため、面接者同士で何となく良い悪いの評価を下してしまうケースや、優秀さの定義を決めていても、それが細かすぎて実効性が高くないといったケースも散見されます。

そこで、採用ターゲットを明確にできるよう、MSマトリクス上にほしい人材を分類してみましょう。実は、第2章でお伝えしたゾーニング〈053ページ図参照〉に沿って分類することができます。

私は、この採用版MSマトリクスで、Bゾーンの成長潜在力の高いメンバー人材を「PP人材」、Aゾーンの即戦力・幹部候補人材を「MX人材」と名付けて、この2つの人材ターゲットに合った採用戦略を考え、実行しています。

一口に「優秀な人材」と言っても、対象がメンバーなのか、幹部候補なのかによって、その集め方や見極め方、口説き方など、採用戦略が異なるのです。

また、MSマトリクスの概念を使うことで、採用ターゲットの明確化や、自社が必要とする能力の明確化・可視化・共有化・共通言語化などが可能になります。

▼PP人材・MX人材とは?

PP人材とは「Potential Player」の略、MX人材とは「Management CXO」の略です。ちなみ

採用ターゲット別MSマトリクス

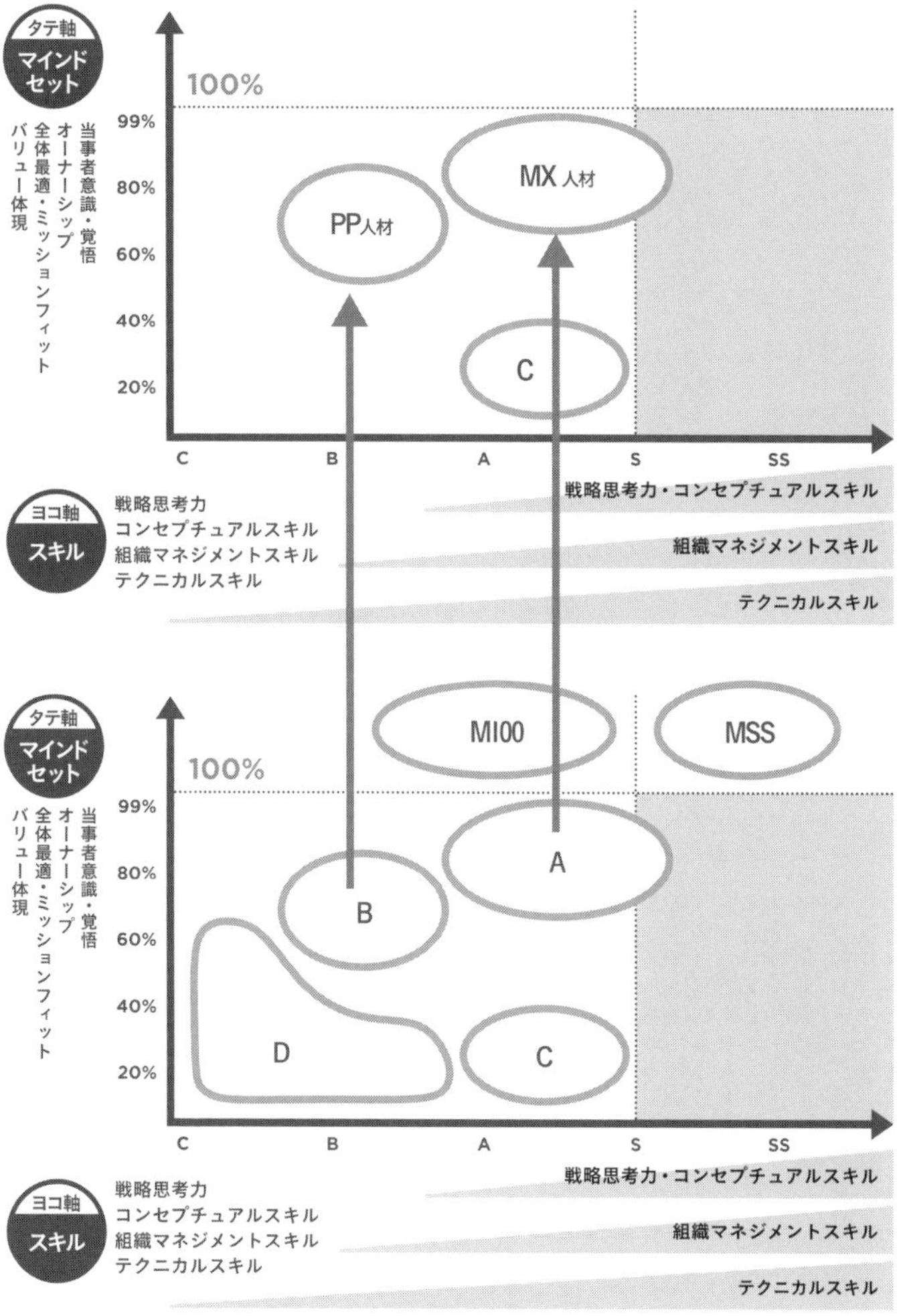

MSマトリクス人材ゾーニング

に、CXOは「Chief X Officer」の略で、「Chief＝責任者」＋「X＝特定の機能」＋「Officer＝執行役」を合わせ、最も高い地位を占める責任者を指します。たとえば、最高経営責任者はCEO（Chief Exective Officer）、最高財務責任者はCFO（Chief Financial Officer）となります。

そしてMSマトリクスからもわかる通り、PP人材・MX人材の特徴は、下の図のようになります。

・PP人材

PP人材は成長可能性（Potential）が高いことが重要な判断基準となります。即戦力としては少し物足りなさを感じるかもしれませんが、図のように、「マインドセット」が高めで、まだ100％ではありませんが、100％にもなれ

PP人材とMX人材の特徴

	マインドセット	スキル
PP人材	高め／100%になれる可能性あり	まだ高くないが、伸びしろがある
MX人材	高め／100%になれる可能性あり	テクニカルだけでなくマネジメント経験、スキルが高い

る可能性があり、スキルも伸びしろがある人材です。必要な要素としては、真面目さ、素直さ、一生懸命さ、地頭の良さ、若々しさや元気の良さなどが挙げられます。このゾーンのメンバーがリーダーからの指示に対してブレーキを踏まずに、「真面目・素直・一生懸命」に実行をしてくれるおかげで、組織は大きな推進力を得ます。

・MX人材

MX人材は、一言で言うと、より経営に近い全体視点とスキルを持った幹部候補人材です。私が知る限り、ほとんどの会社でこの人材は不足しています。いくつかの卓越したテクニカルスキルを持ち、さらにヒューマンスキルも高く、ある程度の規模の組織マネジメント実績があるのが理想です。しかし、この人材は絶対数が少ない上に、現状の組織で必要とされ、活躍している人材なので中途採用の難易度は非常に高く、強い戦略的な採用活動が必要になります。

▼注意が必要なCゾーン

第2章でも書きましたが、「スキル」はあっても、「マインドセット」が高くないこのゾーンは注意が必要です。スキルという側面だけなら社内でも高いレイヤーに入りますが、マインドセットが低いため、4章で紹介したようにリーダー層に求められる、周りのマインドセットに良い影響を及ぼす役割を担えません。また、スキルだけが高いと、発言力も強くなるケースが多く、一方でマインドセットの低い発言のために周りのチームメンバーに悪影響を及ぼす可能性が高くなります。

このように、組織のブレーキになり、結束にマイナスの影響を及ぼす可能性があるため、中長期視点で考えるなら原則、採用しないという選択肢も十分に考えられます。短期戦略上どうしても即戦力として採用しなければならない場合は、次項に挙げる「特性」と「採用後の影響」「心構え」を十分考慮し、ＭＸ人材、ＰＰ人材と併せてしっかり採用戦略を立案してください。

▼Ｃゾーンの人材を採用する場合の注意点

１　特性

Ｃゾーンの人材が持っている特性としては、以下のようなものがあります。

・個人のスペシャリティ構築に関心が強く、結果、チームマネジメント経験が乏しい
・組織で大事にしているバリューの体現をあまり重視しない
・ヒューマンスキル・ＥＱ（心の知能指数）・他者への意識が高くない傾向がある
・全体最適より部分最適で思考・発言・行動する傾向がある

・動機矢印については、他者側より自分側が圧倒的に大きい

このCゾーン人材は、採用市場に比較的多く流動しています。また、面接で「マインドセット」を見極めるのは難しいですが、「テクニカルスキル」はそれより評価や判断がしやすく、それだけに、テクニカル面での不足を補い、即戦力としてつい採用したくなってしまいます。

2　採用後の影響

Cゾーン人材を採用する前に、これらの点にも留意しておく必要があります。

・テクニカルスキルが高いため、その部分で周囲から一目置かれて自信が強い。しかし、チーム貢献への関心が低く、組織力が発揮されない
・全体戦略や、組織づくりにおける制度などに穴を見つけては、批判者として立ち振る舞ってしまいがち
・テクニカルスキルを評価して、チームリーダーにしても、部下の育成ができず、チームがバラバラになる場合が多い

3　心構え

このゾーンの人材を採用する際の大きな判断基準は「マインドセットの変化可能性」と「戦略的緊急度」の2つです。

・マインドセットの変化可能性

現在は「マインドセット」が高くない状況でも、環境や社員教育の方向次第では、「マインドセット」の重要性に気づき、本当の意味での自己成長に目覚める人材もいます。採用の時点での見極めは難しいのですが、「可能性の片鱗」の発見にも意識を置いてみてください。

・戦略的緊急度

船でたとえると、もし船腹に穴が開いた状態なら、一刻の猶予もなく塞がなければなりません。長期航海に必要なことよりも優先となりますので、このような場合は、その人材を緊急的に採用する必要があります。

また、このゾーンの人材でも、きちんとマネジメントできる体制があるなら、限定的に採用する方法も考えられますが、それなら外注や業務委託でも良いかもしれません。

Cゾーンの人材の採用は、採用する側が認識し、その後を判断していくことが大切です。

いずれにしても、Cゾーンの人材採用面談では、「テクニカルスキル」だけでなく、「マインドセット」をしっかり見極める必要があります。「マインドセット」の見極め方については後述しますので、そちらを参照ください。

採用できる人材はフェーズによって違う

ここからは、必要な数の優秀なPP人材・MX人材を、いかに遅滞なく採用していくかという戦略について考えていきます。

本題に入る前に、組織には成長フェーズによって「必要な人材」「採用が難しい人材」「採れやすい人材」「採ってはいけない人材」がいるため、そのことについて触れておきましょう。自社の過去を振り返ったり、現在の規模やフェーズと照らし合わせたりして、必要となる考え方を参考にしてください。

▼創業〜30人

まず、創業期から、いわゆる「30人の壁」までのフェーズです。

この時期のベンチャーなどは、まだ会社の年齢だけでなく社長やメンバーの年齢も若いケースが多く、このタイミングでは、創業経営幹部メンバーを除けばＰＰ人材の採用がとても重要になります。もちろん、いきなりＭＸ人材を採用することができればそれに越したことはありませんが、先行投資フェーズで十分な収益を上げられていないベンチャー企業では、経験や実績が豊富な人材に対して市場価格と比較して見劣りしないような給与を提示することは難しく、ＭＸ人材を採用することが難しいのが現実です。

もちろん、大型の資金調達を行い、その資金力でＭＸ人材を積極的に採用しているようなベンチャーも存在しますが、このフェーズは組織の成熟度も低く、事業戦略の役割も明確でないことが多いと言えます。**ＭＸ人材を採用できてもオーバースペックとなり、うまく活躍してもらえない場合もあるので注意が必要**です。

そのため、この時期は、まだまだ経験が少なくスキルも高くない人材でも、コミットメントが高く、業務を量でもこなすことができるＰＰ人材が活躍します。ＰＰ人材は将来の夢のために、志高く、幅広く業務をこなし、多少長い時間を働いても、体力とモチベーションで乗り切れるような非常に頼りになる人材です。また、このフェーズの企業は成熟した会社組織というにはほど遠く、サークル活動的なイメージです。ＰＰ人材同士が寝食を共にし、切磋琢磨して、その組織のバリューやカルチャーを醸成していくタイミングでもあります。

▼30人～100人

30人くらいまでの社員数であれば、社長が一人ひとりのことを十分に知っており、向き合ったり、コミュニケーションをとったりする時間もあるので、自分の言葉で直接マネジメントすることが可能です。

ビジネスモデルや個人のマネジメント力にもよりますが、**一般的に一人のリーダーがマネジメントするような体制は、多くても20人くらいが限界と言われ、30人を超えてくると、とてもマネジメントの時間を取ることができなくなってしまいます。**この段階から、バリューやカルチャーの共有が途端に難しくなり、戦略や組織制度について批判的に課題をあげつらう人が増えてきます。

こういった事態を避けるために、社長の言葉を代弁したり、主体的に社長に近いレベルで組織マネジメントをしたりできるリーダーの存在としてMX人材が必要となってきます。

MX人材は、「ナンバー2」的な経営幹部として、上司であるトップマネジメントから、抽象度の高い目標をインプットされ、まだスキルの乏しいPP人材をうまく活躍させながら、結果を出さなければなりません。そこでは高度な「マインドセット」と、「組織マネジメントスキル」

が求められるだけに、高い能力を持ったMX人材は希少なのです。

▼100人〜数千人

事業規模の拡大にともない、営業や開発、CSなど各チームの人数も増えていき、事業部も複数になってくると、組織マネジメントスキルの要求レベルも格段に高くなってきます。

このフェーズでは、MX人材は必須ですが、**急成長した企業ほど、内部で組織マネジメントできる人材の育成が追いつかず、外部からの採用でそれを補填せざるを得ません。**

・急成長企業が注意すべきポイント

急成長を目指す企業は、かなり背伸びした目標を掲げながら進むため、掲げる目標数値も高くなります。必然的に社員には高い目標達成の負荷がかかるため、一人ひとりがブレーキをかけない、他責にしない「マインドセット」をしっかりと持っていないと、すぐに批判者的な立ち回りをしてしまいがちです。

PP人材が批判者になっても、スキルがそこまで高くないため、周囲に対する影響度は小さいのですが、MX人材はスキルが高く発言力も強いため、批判的な言動をしたときの周囲への悪影響も大きくなります。

ＭＸ人材は、企業の立ち上げ期の資金力がないときは、給与条件が合わず採用できませんが、資金調達後などにはアプローチできるようになります。しかし、多くのベンチャー企業経営者は、今までは接触できなかったようなハイスキルの人材にアプローチできる状況に浮き足立ち、よくよく見極めを行わずに採用してしまいがちです。一歩間違うとＣゾーンの人材を採用してしまうため、「マインドセット」の見極めを慎重に行う必要があります。経歴を過信せず、リファレンスをしっかりとることが大切です。

ターゲットによって異なる採用戦略

では、必要な人材をどうやって獲得するか。具体的な採用戦略を見ていきましょう。

▼ＰＰゾーンには「マスプル戦略」

ここで、あなたの会社の採用戦略に関して質問です。

問い
26

ＰＰ人材に対して、あなたの会社ではどのような採用戦略を行っていますか？

・・・

いかがでしたか？　ＰＰ人材に対して、自社の魅力が伝わる訴求や候補者を確実にクロージングできるような戦略的な取り組みが行えているでしょうか？

ＰＰ人材は、意欲や成長可能性は高くても、通常の日本的な年功傾向が残る会社では、大きな権限や責任を持ち、リーダーシップを発揮する仕事は任せてもらえていない場合が多いでしょう。具体的な年齢のイメージとしては、20代後半から高くとも30代前半といったところです。この層は、将来の自身のキャリア形成に貪欲で、自身が成長できる環境を模索しています。したがって、ＰＰ人材は一般的な転職の媒体を積極的に使い、自ら能動的に転職活動も行うため、転職市場に多数流動しています。

そこでとるべき主な戦略が、「マスプル戦略」です。マスの市場に対して、適切なメッセージを発し、プル型(引き寄せ型)で応募を集めます。そして、集めてきた人材をきちんとスクリーニングしていきます。

ここで重要になるのは、マスからPPゾーンの人材にいかに多く応募してもらうかであり、採用PR活動を通した「認知・ブランディング」が必要です。

自社のミッション・ビジョンが何で、それをどれだけ真剣に追求しているのか、自社がいかに成長性のある企業なのか、また社員一人ひとりの成長に対して真剣に向き合っているのかをしっかり伝えていきましょう。(もし、これらを自信を持って伝えられない何かがあるとしたら、まず、その障害を早急に取り除いてください)。

ただし、ここで気をつけなければならないのは、「必要以上に良く見せようとしない」ということです。たとえば、ベンチャー企業であれば、本人の意志による自己成長も見据えたハードワークが行われているのが一般的ですが、こういった実態を覆い隠してしまうと、ミスマッチが起こり、結局、面接のプロセスでスクリーニングすることになってしまいます。これは、応募者にとっても採用側にとっても、時間・工数の浪費という面でデメリット以外の何物でもありません。

また、中長期的に強い組織を構築するためには、人が定着する組織をつくる必要がありますが、過度に実態を反映していないブランディングは入社後の離職の増加につながります。

また、マスプル戦略に有効な手段として、「ミートアップの定期開催」があります。ミートアップは、企業のミッション・ビジョン、事業計画の紹介、組織づくりやカルチャーの紹介、社内勉強会などを行うもので、そこへ採用候補者を招待し、自社のことやメンバーを知ってもらう場をつくることが目的です。

ミートアップのポイントは、会の後半に懇親会の時間を設定し、軽食やアルコールも用意して、フランクに話ができるような場にすることです。面接とは違う打ち解けた雰囲気の中で、候補者の本音を引き出すこともでき、相互理解も深まりますし、クロージングへ向けた対策も立てやすくなります。

さらに、ミートアップと同時に行うことによって、大きな相乗効果でターゲット層の母集団をつくることができるのが「リファアラル採用」です。

リファアラル採用とは、社員一人ひとりが、自分の知人に対して採用候補者として声がけをするというものです。こちらから声がけをするので、厳密に言えばプルではなく、プッシュの要素がありますが、そこまで強いアプローチでなくとも大丈夫なので、ソフトプッシュ＆プル型の母集団形成と言えます。

リファラル採用では、そもそも知人に声がけをするので、候補者を理解するプロセスを大幅に短縮することができます。また、すでにリレーションがあるため、本音を引き出しやすくクロージングもしやすいので、高い効果が期待できます。そして、社員の知人ということで、もともと志向性の近い人が多く、入社後の定着率も高くなります。

このように、ミートアップやリファラルは、採用において大きな威力を発揮しますが、同時に採用以外の部分でも副次的な効果があります。それは「既存社員のマインドセットが上がる」ということです。

採用の際に、既存社員は積極的に自社のミッションや魅力などを話します。他者に説明することによって、自分自身が会社にいることの意義を再確認することになるのです。私が知る多くの成長企業が、これらの活動を通して「採用は全員でするもの」というカルチャーをつくり、マインドの醸成にも成功しています。

▼MXゾーンには「ニッチプッシュ戦略」

続いてMX人材の採用戦略についても見ていきましょう。

問い
27

自社の採用戦略において、MX人材に対して、どのようなことに取り組んでいますか?

・・・

実際に書き出してみて、あなたの会社のほしいMX人材は明確になっていたでしょうか?
また、そのターゲットに対してアプローチやプロポーズは戦略的に行えているでしょうか?

MX人材への戦略は、PP人材のものとは真逆になります。
マスターゲットでなくニッチなセグメントに、プル(引き寄せ)でなくプッシュ(アプローチ)していく戦略なので、ニッチプッシュ戦略と呼んでいます。自社にマッチする希少でハイレベルな人材をいかに発見し、魅力づけしてジョインしてもらうか。この点が重要になっていきます。

MX人材は、「スキル」「マインドセット」が共に高い状態であり、現在所属している企業で大いに活躍しています。周囲からも必要とされ、重要なポジションに就いているため、そもそも転職する動機は薄く、一般的な転職マーケットにはあまり流通していません。

したがって、一般的な媒体の募集などではこの層の母集団をつくることが難しく、積極的にプッシュしてくことが必要になるのです。

具体的な母集団のつくり方としては、転職エージェント、ハイクラスの人材が登録されている媒体でのスカウトなどが一般的です。また、メディアにインタビューなどが掲載されている活躍人材をリスト化して、SNS経由でスカウトメッセージを送る方法もあります。

また、リファラル採用では、優秀な人の知人に優秀な人がいる確率が高いことから、株主・顧問などに紹介をお願いしたり、経営者同士の会食で経営レベルの人材をスカウトしたりするなど、ネットワークを最大限に活用すべきです。

MX人材の採用は、アイデアや努力によって、パフォーマンスに大きな差が出ますし、会社の成長にも多大な貢献をするため、「経営マター」としてトップが率先して活動していきましょう。

もう一点、MX人材の採用については、時間的な制約は設けずに臨むことをお勧めします。能動的な転職活動の場合は、初回接触から入社までの期間は通常1~3カ月程度ですが、MX人材はそもそも転職動機がないところからのスタートで、かつ転職の意思決定をしてからも、重要ポジションのため引き継ぎに時間がかかるので、3~6カ月、場合によっては年単位での時間が必要です。

そのため、ＭＸ人材は単発のアプローチで終わるのではなく、普段からリレーションをつくっておいて「人材プール」を構築し、ターゲット人材が新たなチャレンジに向けた転職を考えるタイミングなどに先方から声をかけてもらえるような信頼関係を築いておくことも重要になります。

採用面接でのＭＳマトリクスの活用
——面接で見極めるべき３つのポイント

採用面接においては、さまざまな観点から人物評価をしなければならず、複眼的な思考が求められますが、その中でも特に重要なのは「**発揮＆成長可能スキル**」「**適性・才能**」「**マインドセットの高さと向上可能性**」の３つの見極めです。

▼１　「発揮＆成長可能スキル」の見極め

どこの会社でも、スキル、特に「テクニカルスキル」は当然ながら見極めていると思います。

ただし、現状で保有しているスキルだけに注目しがちなため、採用後のスキルの発揮や成長までは思いが及ばない場合もあります。

スキルを「保有している」ことと「発揮する」ことは、同じではありません。スキルの発揮や、入社後のスキルのさらなる成長には、正しい「マインドセット」が不可欠です。採用したものの、経歴書に書かれたキャリアやスキルと入社後の活躍に大きなギャップを感じたという経営者は多いのではないでしょうか。もちろん、経歴書自体がかなり盛られた場合も多いでしょうが、他責やブレーキでそのスキルを発揮しないケースも多いと思われます。

特にMX人材について、「経歴等から保有していると思われる卓越したスキルを、自社で本当に発揮できるか」を見極めることは、会社の命運を左右するほど重要なものになります。

▼2 「適性・才能」の見極め

採用面接は、第3章の「個人の成長に必要な5つの要素」の適性・才能をしっかり見極めるチャンスです。採用してからでは、適性・才能を変えることはほとんど不可能ですから。

企業は、限られたリソースで戦わなければなりません。そのため、当然のことながら育成のROI（投資利益率）が高い人材を採用すべきということになります。

テクニカルスキルもそうですが、組織マネジメントスキルについても、学ぶスピードの早さには適性や才能が大きく関わってきます。特にPP人材では重視したいポイントです。

しかし、これらを見極めるチャンスではあるのですが、この適性・才能を短い面接の中で正しく見極めることはかなり難しいというのも事実です。ただ、幸いないことに、プロスポーツ選手に憧れる少年と違って、採用候補者はすでに自立した成人、もしくはそれに近い年齢に達していています。この場合、本人の適性や才能は、本人の志向性と一致していることが多いと言えます。つまり、ロジカルシンキングが苦手な人はプログラマーを志さず、人をまとめるのが好きでない人はリーダーを目指そうとは、あまり思いません。

人は成長過程での失敗・挫折経験を通して、自分の得意分野で勝負していくことを自然に学んでいくのです。したがって、適性や才能を見極める方法としては、候補者が、その分野において過去にどのような実績を持っているかを深掘りするとよいでしょう。組織マネジメントの素養を持っていれば、大きさの大小はあっても、何らかのリーダーシップ経験を積んでいるはずです。

▼3 「マインドセットの高さと向上可能性」の見極め

3つ目のポイントが、「今のマインドセットは高いか、そうでない場合は向上する可能性はあるか」の見極めです。

多くのリーダーから、採用面接において、「マインドセット」の高さを見極めるにはどのようにすればよいかという質問をいただきます。

確かに、限られた面接時間で「マインドセット」を見極めるのは難しく、できることにも限界がありますが、私が基本として行っていることを参考として紹介します。これは、すでに多くの人が実践している方法だと思いますが、その意味ややり方を深く理解しているかどうかで、効果に大きな差が出ますので、しっかり考えてみましょう。

その方法とは、その人の「アクセルとブレーキ」を確認することです。アクセルとブレーキを確認する代表的な質問が、「転職の理由・動機」を聞くことです。これによって、その人が他責思考の傾向が強いか(ブレーキ)、強く正しい軸や動機(アクセル)を持っているかが、ある程度は判断できます。

「今回の転職のきっかけは何ですか?」という質問に対して、「上司や会社が悪い」「自分をなかなか認めてもらえず、給与も上がらなかった」などの(ここまで露骨な表現でなくとも、多少でもそのニュアンスを含む)発言がある場合は、他責思考の傾向があります。**それはネガティブな転職動機であり、採用後も同様に他責ブレーキを踏んでしまう可能性が高くなります。**

一方、「どうしてもこだわりたい目的があり、前職でもある程度はできていて、ベストも尽くして評価もされていたのですが、より御社で実現する可能性として……(論理矛盾のない説明)」といった、他責思考やブレーキを感じられない、軸や動機がしっかりしていて、当事者意識や主体性が感じられる発言であれば、入社後も定着・活躍する可能性が高いと言えます。

このように、転職の理由や動機を深掘りすることによって、その人の「マインドセット」の現状や成長の可能性を多少なりとも見極めることが可能です。

もちろん、面談だけでは100%は見極められないというのが私の経験上の感覚ですし、実際、多くの失敗もしています。その対策としては、特にベンチャー企業などでは、オファーを出す前に、試用期間や体験入社として一緒に仕事をする期間を設けている場合が多くあります。条件や環境上で可能であれば、短期間でも一緒に働くことで、面接に比べて格段に見極めの精度は上がりますし、双方のミスマッチも防ぐことができます。

また、必ずしも採用段階で完璧な「マインドセット」を持っていないと採用してはいけないというわけではありません。

完璧な「マインドセット」を持っている人だけを採ろうとすると、採用スピードがかなり遅くなってしまいますし、そもそも精度100%まで見極めることはできません。前述のようなポイントを押さえて精度を上げる努力をしつつも、まだ高い「マインドセット」を体得できていない人も含めてマネジメントしていく、そして彼らとしっかり向き合って「マインドセット」を高めるように導いていくというのが、リーダーに求められることではないでしょうか。

以上の3つのポイントで共通して言えることは、現在の保有している能力・スキル・マインドセットだけでなく、それらが十分発揮されるか、今後、伸びる可能性があるかをしっかり見ることが重要だということです。また、それらを継続的に伸ばす場を社内に持ち続けることも、採用と同等に重要なことでもあります。

また、採用に関して「自分より優秀な人を採用しましょう」というアドバイスをよく聞くことがあります。私は自分とは異なる分野の高いテクニカルスキルを保有する人を採用することは十分可能だと思いますし、積極的にそうするべきだと思います。しかし、経営者より高い「マインドセット」「組織マネジメントスキル」「戦略思考力」「コンセプチュアルスキル」を持つ人を採用することはかなり難しいと思っています。なぜなら、多くの人材は自分よりも優れた経営者（上司）のもとで働くことを望むと考えられるからです。「リーダーの器以上に会社は大きくならない」と言われます。

ですから、リーダーは自身の器（マインドセット・組織マネジメントスキル・戦略思考力・コンセプチュアルスキル）をより大きくしていくことが、結果的に優秀な人材を採用できることにもつながっていきます。

3 MS MATRIX STRATEGY MSマトリクスを評価に活用する

続いて、MSマトリクスツリーの評価（MS4）の切り口で見ていきます。

問い 28

あなたの会社の評価制度は何を評価軸にしていますか？ また、MSマトリクスと比較した場合、その評価軸で共通の部分と異なる部分は何でしょうか？

・評価軸は〔　　〕
・MSマトリクスとの違いは〔　　〕

どのような回答になったでしょうか？ まったく同じではなくとも、見方によってかなり共通する部分もあったのではないでしょうか？

実は、一般的な企業で使われている評価体系は、結局のところ、MSマトリクスのタテ軸の「バリュー体現」系とヨコ軸の「スキル・実績」系を等級で評価したり、半期や年度のパフォーマンスを、それらの掛け合わせや配分で評価したりしているところが多いようです。

これらの評価制度は、当該期間の「実績」と「その結果に至ったプロセス」を一定割合の比率で評価するというものです。実績については、MBO(Management by Objectives＝目標管理制度)やOKR(Objectives and Key Results＝目標と主要な結果)といった手法があり、期初に設定した目標KPI(Key Performance Indicator＝重要業績評価指標)をどの程度達成したかで評価します。プロセスについては、バリュー(カルチャー)をどの程度体現できたかを評価軸の大きな要素にしているケースが多いでしょう。

保有しているスキルと実績には強い相関関係があるので、実績を評価するというのは、MSマトリクスのヨコ軸を評価していると言えます。

また、本書で定義している「マインドセット」のいくつかの要素の掛け合わせや、別な表現でMSマトリクスのタテ軸も評価しており、評価制度を突き詰めると、本質や原理原則に近いものになっていく傾向があるのではないでしょうか。

「マインドセット」を評価軸にする理由は何か?

あらためて、なぜ実績(スキル)だけではなく、「バリュー体現」や「マインドセット」を重視する必要があるのか、評価の視点で考えてみましょう。実績偏重の評価を継続することによって、中長期的に組織にもたらす大きなリスクは、主に3つあります。

▼リスク1：ミッション・ビジョンの未達

実績偏重の評価を続けていると、当然のことながら、組織に対して「マインドセット」の重要性というメッセージが発せられません。そして、全体最適（ミッション・ビジョンの達成）やバリュー体現に関心が薄いMSマトリクスのCゾーンの人たちでも、高い評価が得られます。

企業の評価制度とは、単に短期的な個人評価のツールだけでなく、**中長期的に会社が目指しているものに向かうこと、そのために自分たちがどうあるべきかを示す強烈なメッセージ機能を持っています。**ですから、評価軸にミッション・ビジョンへの貢献やバリュー体現などの「マインドセット」評価軸がほとんど含まれていないのは、「それらについて、会社はどうでもいいものだと考えている」というメッセージを発しているのと同様の意味を持ちます。そのため、会社のミッション・ビジョンの達成から時間と共に遠ざかってしまうのです。

▼リスク2：中長期的な組織運営コスト

実績の評価が圧倒的に高い制度を採用している企業は、2つのタイプに分けられます。

1つ目のタイプは、その企業の目的が、ミッション・ビジョンの達成ではなく、収益の拡大に置かれている場合です。この目的設定の良し悪しを別にすれば、目的(収益拡大)と手段(実績評価)が一致しているので、短期的には矛盾のない活動が可能ではあります。

ただし、本質的な企業の存在意義の課題を先送りしていることと、社員の離職・新規採用のサイクルが短期間・高回転なことにより、永続的な組織運営コストがかかっているという点を認識する必要があります。

2つ目のタイプは、会社の特性上、その評価との親和性が高いタイプです。

このタイプの会社は、基本的に個人プレーで成り立つユニット型のサービスを提供している場合が多く、短期的には全体としての組織力がなくとも結果が出やすい傾向があります。顧客ごとにチームを組成するコンサルティングファーム的な会社です。

このような組織は、全体最適よりも部分最適・個人最適を優先してもある程度は機能し、短期的な個人の成果の合計が会社の結果となりやすいので、その行動が安易に正当化される傾向が強いと言えます。しかし、部分最適・個人最適が強くなると、「ミッション・ビジョンとずれを感じる」「戦略が不透明だ」「人事制度に納得がいかない」といった組織に対する不満が噴出しやすくなります。

こうなると、本来であればトップが意思決定した戦略を組織として迅速に実行すべき状況であっても、一人ひとりにその都度、細かく説明や対応が必要になります。これらの説明コストは非常に効率が悪く、継続的にどんどん増加していきます。

また、どんな戦略も、実行フェーズで新たな課題が発生するものです。本来であれば、個々でその課題に対して創意工夫することで改善・革新していくべきですが、「マインドセット」が低い状態では、その課題を自分ごととして捉えきれないため、せっかく高いスキルがあっても、十分には機能しません。**スキルが高い＝仕事のパフォーマンスやコストパフォーマンスが高いとは言い切れない**のです。

▼リスク3：業績が厳しいときに踏ん張れない

実績偏重評価の3つ目の弊害として、「組織の踏ん張り力の弱さ」があります。

社員の実績に偏重した評価制度であっても、業績の上昇時や、十分に収益が出ているうちは、問題は表面化しにくいものです。しかし、会社の業績が厳しい局面になると、一気に問題が顕在化し、場合によっては組織が瓦解してしまいます。

業績が悪くなると、スキルが高くても「マインドセット」が高くない人から、われ先にと会社という船を降りていき、短期的な稼ぎ頭を失った船はさらに推進力を失って、厳しい状況が加速していきます。

また、ベンチャー等でよくあるパターンとして、Cゾーンを積極的に採用し、かつ彼らを高く評価していくと、「マインドセット」が高くても現状のスキルはまだ高くないPP人材が、活躍の場を外に求めて離脱していってしまうということがあります。

このケースでも、一度、事業が難局に直面してしまった場合には、組織としての踏ん張りがきかず、その状況を打破することが難しくなります。

反対に、スキルがまだ低くとも、バリュー体現を重視し、評価している会社であれば、事業の業績が厳しいときに、事業自体の方向性を大きく転換したとしても、組織力で何とか回復できるケースがあります。それは、どのような状況下でも企業のミッション・ビジョンを忘れず、お互いを支え合える「マインドセット」の高いチーム力があればこそです。

人事制度を一歩前へ

ここまで、「MSマトリクスの概念をいかに採用や評価制度に反映するか」というポイントについて説明しました。本書では、採用施策や評価制度の詳細までは触れることができませんでしたが、原理原則の理解を深めることはできたのではないでしょうか。

組織風土を変え、社員・リーダー・経営陣が一丸となって成長していくには、採用・育成・評価・配置など、人にまつわるすべてのことを有機的に結びつけて、強い想いで進んでいく必要があります。

本章の冒頭で紹介したMSマトリクスツリーを大きく育てていくことで、より強固な〝全員経営者マインドセット組織〟をつくることができるのです。

その中でも、採用・評価は優先度・重要度の高いテーマです。そして、どちらもその会社の人材ポリシーが強く反映され、社内外に対する強いメッセージになっています。

この2つの分野に、新たに「マインドセットの重視」や、「MSマトリクスの考え方」を導入していくことは、最初はハードルが高いかもしれません。

しかし、「着眼大局」「着手小局」の心がけで進んでいただけたら幸いです。

着眼大局＝MSマトリクスで〝全員経営者マインドセット組織〟をつくる

着手小局＝マインドセットも重視した、採用・育成・配置・評価制度の運用を日々改善しながら、継続していく

特別章

マインドセットが上がり、戦略思考が磨かれる“全員経営者弁証法的会議”

1

MS MATRIX STRATEGY

会議で組織は劇的に変わる

問い 29

あなたは、1週間で何時間程度を会議に費やしていますか?

この問いかけを機に、あらためて私自身の会議時間を見てみたところ、何と1週間の会議時間は25時間にものぼりました。自社や関連会社、投資先など25社の会議を合わせると、このくらいの時間を費やすことになってしまいます。皆さんの中にも、自社の会議は「かなり多い」「多すぎるのでは……」と思われている人が多いのではないでしょうか。

「会議をなくせば売上が上がる」のような書籍や記事をよく見かけます。もちろん本当に無駄な会議は減らすべきですが、極論ですべての会議を止めるわけにもいきません。本章では、今ある会議をより価値のあるものにする「弁証法的会議」について説明していきましょう。

最初に、自社の会議について少し振り返ってみてください。上司・部下が参加する会議を思い浮かべて、あなたや部下の考え・行動で当てはまると思う項目にチェックを入れてください。

□あまり議論が白熱しない
□発言する人がいつもだいたい決まっている
□参加者に意見を募っても、意見や対案が出ず、結局、社長やリーダーの案になりやすい
□参加者の多くが、どうせ自分の意見は通らないと諦めている
□意見が出たとしても、当事者としての意見というよりも、評論家的な意見になっている
□参加者の多くが、会議で決まったことにあまり納得していない。会議の外で意見や愚痴を言っている
□会議の時間がまったく楽しみでない。ワクワクしない。時間が経つのが遅い

いくつ当てはまったでしょうか?

私に相談に来られる企業でも、社長や経営幹部が参加する会議で、こうした状況になるケースが見受けられます。こうした会議の「あるある」を次ページにまとめてみましたが、前述のような会議をしていると、そこで決まったことに参加者が主体性を持てていないため、その後の実行段階で積極性や創意工夫がなく、絶対に達成しようという信念も薄くなる傾向があります。

通常会議あるある（形式だけ会議）

- 社長やリーダーの意見・案が圧倒的に通る
- 他のメンバーが、どうせ社長・リーダーの意見や案になると諦めている
- その会議で決まっても、腹落ちしない、不満を持っている

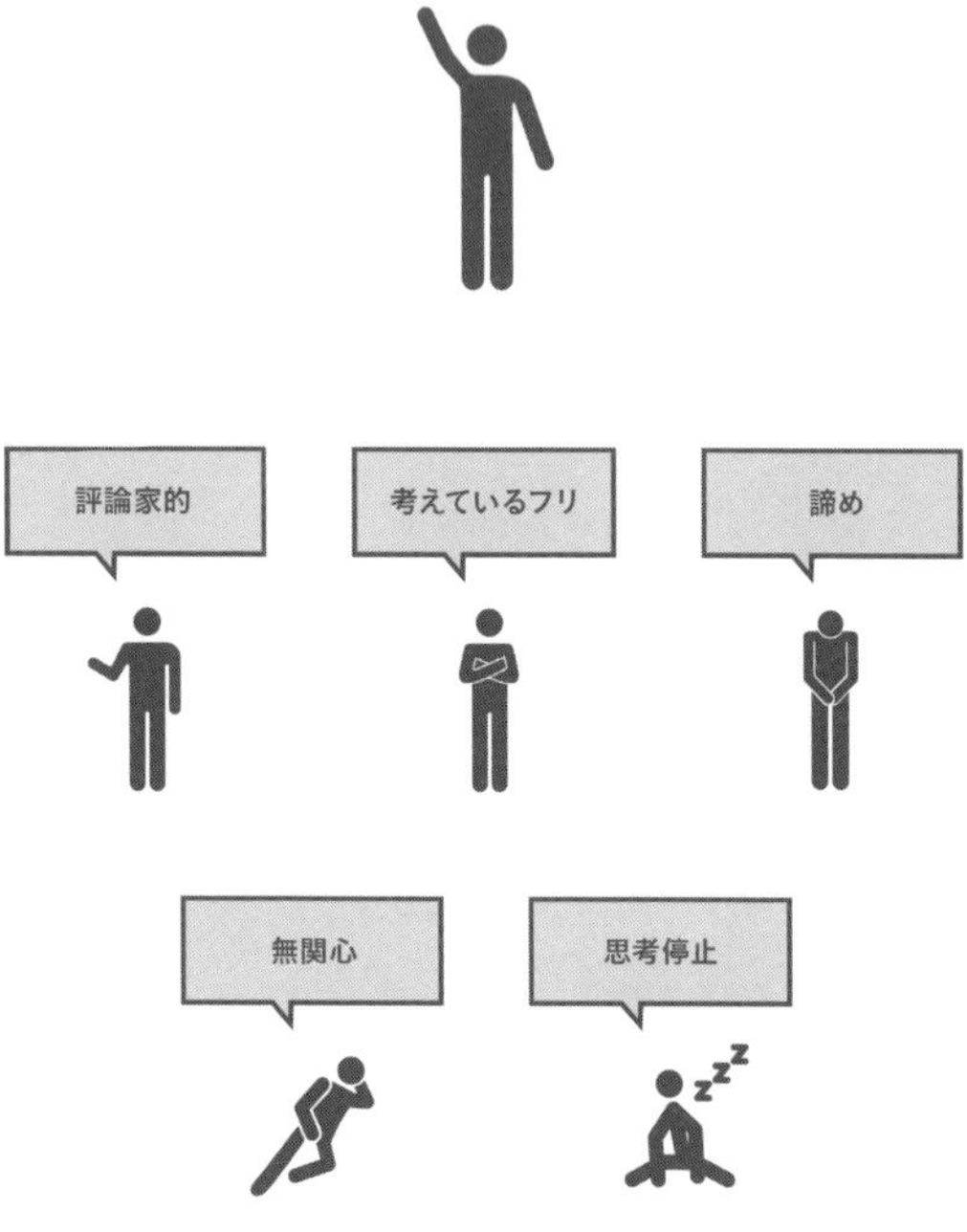

うまくいかなくても自分のせいではない、自分は納得していなかったと、「マインドセット」の低い状態が継続してしまうのです。

本来であれば、会議に参加しても発言しない人、また評論家的に発言してしまう人などは、会議に参加する意味はありません。情報共有であれば、もっと短時間にすること、あるいは議事録の共有だけで事足りてしまいます。

ここで、また質問です。

問い 30

理想的な会議とは一体どのようなものでしょうか？
いくつかの要素を自分なりに考えてみてください。

どのようなことが浮かびましたか？　たとえば、次のような要素が出たのではないでしょうか？

□議論が白熱する
□一人ひとりが本気で参加して、積極的に自分の意見をぶつけ合う
□一人の意見だけでなく、みんなの意見の良い所があいまって、一人では到底思いつかないような優れた案が出る
□たとえ自分の意見が通らなくても、会議で最終的に決めたことに納得している
□会議の時間が楽しみでならない。ワクワクする。あっという間に過ぎる
□会議を通して学び・気づきがあり、成長できる

理想的な会議では、参加者一人ひとりが主体性を持って臨み、自分の意見を臆せず発言します。そこではさまざまな意見がぶつかり合い、化学反応を起こして、ワクワクするような優れたアイデアが生まれるものです。

そして、自分のアイデアではなくとも、本気で議論し、決まったことに心底納得しているため、プロジェクトの実行途中で想定外の状況にぶつかっても、全力で問題解決に取り組むこと

ができます。絶対に目標を達成しようと努力するのです。
そのような状態を実現するのが、「全員経営者弁証法的会議」です。

「うちの会社で、そんな魔法のようなことができるわけない」

そう思う人も多いでしょう。
しかしこれは、型をしっかりと守り、繰り返していけば、必ず実現できるものです。そして、この会議法によって、一人ひとりの「マインドセット」と「戦略思考力」を高め、MSマトリクスの右上のMSSゾーンへの階段を上っていくことができます。

2

MS MATRIX STRATEGY

「弁証法的会議」とは何か？

「弁証法的会議」を説明する前に、まず「弁証法」とは何かの説明が必要でしょう。

「弁証法」とは？

弁証法とはもともと討論や対話による推論の技術や方法を指しています。ギリシャの哲学用語に由来し、ものごとの変化や発展プロセスを本質的に理解するための思考方法です。哲学と聞くと難しそうですが、簡単な例を用いて説明します。

たとえば、「今日のランチで何を食べようか」と考えている場面を想像してください。

A案：カレーが食べたい

B案：でも、うどんもいいな

という相矛盾・対立する2つのアイデアがあったとします。

ここで、AかBのどちらか一方を選択するのではなく、2つのアイデアを統合するCのアイデアを考えるとすると、何が思いつくでしょうか？

そうです、簡単ですね。

C案：カレーうどんを食べる

これが弁証法です。

より一般化して説明すると、AとBという、本来であれば対立する考えをぶつけ合い、統合す

弁証法

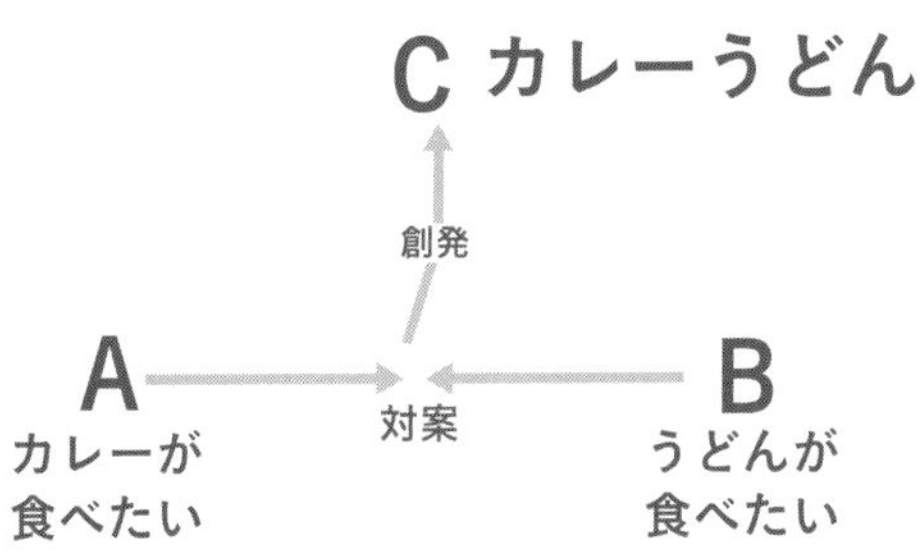

ることによって、Cという、より包括的・創発的な高次のアイデアを生む思考方法が弁証法なのです。そして、そのあとも、Cに対してDをぶつけ、Eを生み出す。その次にEに対してFをぶつけ、Gを生み出す……と考えていきます。

　このようにして、発散・収束を繰り返しながら、アイデアをどんどん発展させていくことが可能なのです。

「弁証法的会議」とは？

　この思考方法を会議の中で行うのが、「弁証法的会議」です。

　ある人がA案を出したとき、あえてA案とは違うB案を出し、お互いの考えをぶつけ合って議論を活性化するのです。そしてより統合的な

アイデアをどんどん発展させる

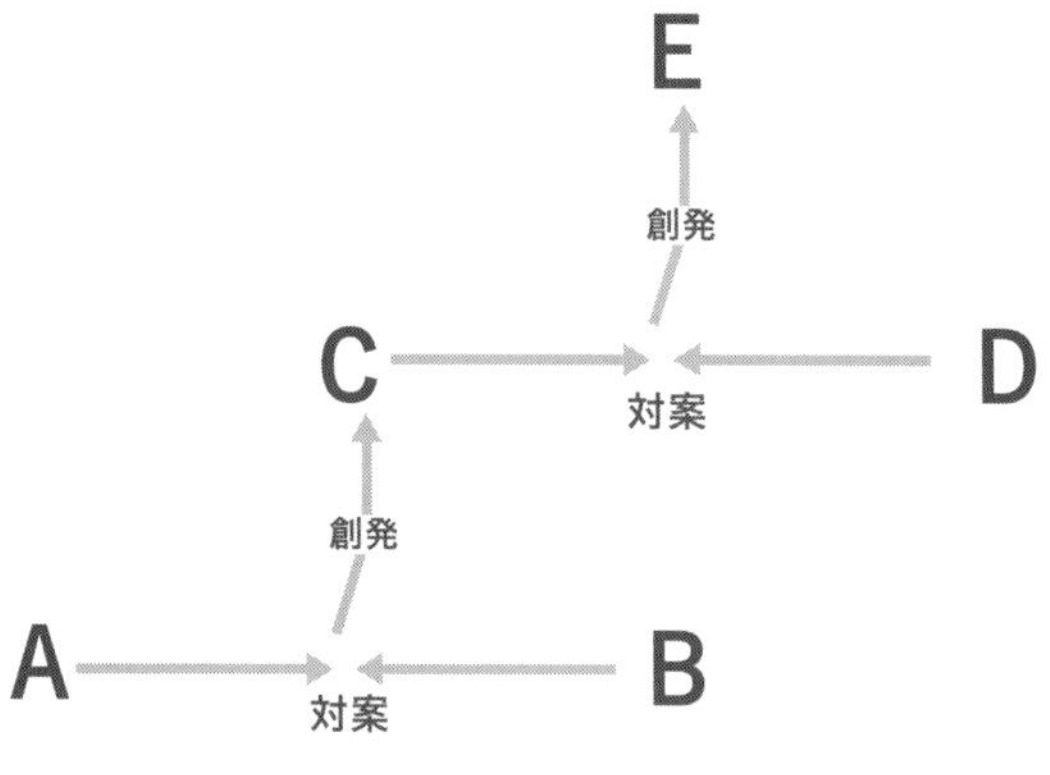

C案を生み出します。

しかし、欧米と違って、このスタイルの議論に慣れていない日本人の場合は、対案を出すこと自体が、「元の案を出した人を完全否定したと受けとられるのでは」と感じて発言をためらいがちです。

そう感じてしまう場合は、「A案も素晴らしいのですが、あえて弁証法的に対案としてB案を出すと……」という枕詞を入れると、肯定的に聞こえます。

それでも上司など役職が上の人の案に対して、対案を出すのはなかなか難しいものです。社長がA案を出せば、それを少し補ったり、多少の改善をしたりするような案になってしまいがちです。

そのような状況を打破し、あるべき会議の姿にしていくのが、「全員経営者弁証法的会議」です。なぜ、弁証法的会議の上に「全員経営者」という言葉が載っているのかは後ほど説明するとして、その前に、私が考える基本的な弁証法的会議のコツについて説明していきましょう。

弁証法的会議においては、ルールとファシリテーションが重要な役割を担います。

3

MS MATRIX
STRATEGY

弁証法的会議の7つのポイント

問い
31

弁証法的会議を機能させるために必要なポイントは何だと思いますか？思いつく限り挙げてみましょう。

・・・・・

私なりに考えるポイントは、次の7つです。

ポイント1　居酒屋で愚痴を言わなくなる方法
ポイント2　心理的安全性の担保
ポイント3　人の意見に相乗りできない全員同時アウトプット法
ポイント4　制限時間・最終意思決定者を最初に決める
ポイント5　「正解はない」という共通理解と覚悟
ポイント6　成長・育成の場
ポイント7　戦略向上と目標の達成

では、それぞれ詳しく説明していきたいと思います。

ポイント1　居酒屋で愚痴を言わなくなる方法

「会議では、社長の意見で半ば強引に決まったけど、俺は納得してない」
「とてもあの雰囲気では言えなかったけど、絶対、俺の案がいいと思う」
「今日決まった計画って、うちの部門にとってすごくマイナスだと思う」

ガード下の居酒屋で、毎日、こんな会話がされているのではないでしょうか。

これはあくまで推測の話ですが、こんな会話がもしされているなら、それはなぜでしょう？

問い 32
なぜ、会議で決まったことについて、あとで不満を言ってしまうのでしょうか？

・・・・

これについては、次のような理由が考えられます。

・社長など上の立場の人が、他の人の意見について議論せずに、自分の意見を押し通している
・会議の雰囲気が、一人ひとりの発言を促すような空気になっていない
・誰かの意見について、否定的なことを言うこと自体、好ましくない雰囲気がある
・そもそも会議の目的自体が、一部の人の決定した内容を伝達するためだけになっている

・自分の意見を持っていたとしても、否定されたら怖い、間違っていたら恥ずかしいという気持ちで発言できない

皆さんも、思い当たることがあると思います。弁証法的会議では、これらの課題を解決することが可能で、結果として愚痴や不満を言う人を激減させることができます。

そのためにまず必要なことは、会議に対して基本的な共通認識を変えることです。

〈現行会議の認識のズレ〉
・言いたいこと、言うべきことを言わない。言えない
・会議で決まったのかあいまい。全員の腹落ちや覚悟がない
・会議のあとで、不満や「自分の意見は違った」といったことを平然と言う

〈今後の会議の共通認識〉
・言いたいこと、言うべきことは会議ですべてぶつける
・会議で決めきる。決めたらそれは誰かの案ではなく、全員の案
・会議のあとで不満や「自分の意見は違った」といったことを言うのはかっこ悪い

この共通認識を全員で共有し、新たな社風・文化をつくることが大切です。

ポイント2　心理的安全性の担保

前述の通り、日本では役職の異なる者同士の会議で、反対意見を言うことが難しい傾向があります。ましてや、せっかく参加者が勇気を持って自分の意見を表明したのに、「それって的外れだよね」とか、「もっとよく考えてから発言して」と、リーダーが厳しく否定してしまうと、さらに参加者を萎縮させてしまいます。

弁証法的会議がすでに定着し、参加者同士の信頼関係ができている状態であれば、会議のクオリティを上げるために厳しい指摘も機能しますが、まだ弁証法的会議を始めたばかりであれば、これらは参加者の口を強く閉じさせてしまうNGワードなのです。

リーダーは、参加者全員が（最初はレベルが低い意見でも）発言できる状況をつくることを目標にし、「この会議では役職は関係なく、皆フラットに議論し合おう。間違ってもいいので、発言することに価値があります」と、全員が発言しやすい空気づくりをしなければなりません。

この「何でも発言してよい」という空気は、「心理的安全性」に欠かせない要素の一つです。

これはリーダーの態度一つで決まってしまうため、特に意識しましょう。ちなみに、グーグルの調査結果では、最もパフォーマンスの高かったチームは、個々の能力の高さよりも、この心理的安全性が担保されていたチームであったそうです。この要素がチームにとっていかに大切かがわかります。

ポイント3　人の意見に相乗りできない全員同時アウトプット法

「私もその意見にまったく同感です」

「○○の部分だけ修正したらいいと思います」

「特に自分の案がないので、その案でいいと思います」


これもよくある会議の光景ではないでしょうか？

意見を求められても、右に同じ、もしくは既出の案に少し改善を加えるだけの提案。これではその人に意見を求めている意味はありません。繰り返しになりますが、会議の目的は「意見をぶつけ合って、より高次の案を生み出すこと」にあります。他の人の意見に簡単に同調するだけというのは、思考停止に陥っている証拠です。

しかし、弁証法的会議の大切さが理解できたしても、これまでトレーニングを積んでこなかった人が、いきなり明日からできるようになるわけではありません。そこで、スムーズに会議が成り立つ方法、「全員同時アウトプット法」をお伝えします。

これは、その名の通り、全員が同時に自分の案を発表する方法です。

▼実施の仕方

・まず共通の問題に対して、各自が決まった時間（通常3〜7分）でその回答案を考えます（例：現状の組織の課題は何か？その解決策は？）
・次に各自の案を、1人1枚の紙（A4用紙など大きめのもの）に、なるべく大きく太いペンで書きます
・それを全員同時にホワイトボードに貼り、1人ずつその案を説明していきます
・出た各自の案について、弁証法を用いて議論していきます
・最終的に最も優れた案へ収束させていきます

▼効果・メリット

・自分の意見を考える時間があるので、自分なりの案を持つことができる
・強制的に発表の場を持つので、発言する勇気や発言のタイミングをうかがう必要がない

・順番的にあとに発表する場合でも、自分の意見を書いてしまっているので、人の意見に乗っかることができない
・ホワイトボードに貼ることによって、さまざまな意見を、全体を俯瞰した上で見ることができ、議論の質が上がる
・自分の意見を発言するトレーニングができる

▼注意点

この方法は、シンプルでとても簡単なように思えます。しかし、実際に行ってみると、より質の高い議論をするのは意外と難しいことがわかります。

たとえば、細いペンで小さな字で抽象的な意見を書いてしまう人がとても多いのです。具体的でなく、どちらとも取れるようなあいまいな意見では、弁証法にはなりません。ですから、この全員同時アウトプット法では、**大きな太い文字で、簡潔に箇条書きで具体的な意見を書くことを徹底してください。**大きな用紙を使うのも、自分の意見をあいまいにせず、はっきり意思を表明するためです。

この全員同時アウトプット法を上手に使えば、いろいろな立場や視点の人の弁証法が可能に

なります。

立場や役割が違う人しか持ち得ない情報というものは必ず存在します。一例を挙げると、現場の営業担当者は、お客様の生の声を最もよく知っています。商品・サービスに対するクレームや、お客様対応の失敗例など、心理的になかなか共有しづらいものです。しかし、それらを基にした意見は、どんな小さなことでも弁証法の糧となります。意見を出さないことは、会議での責任をまっとうせず、結果的に貴重な情報を隠してしまうことでもあると認識しましょう。

そして、この方法で弁証法が定着してきたら、全員同時アウトプット法を使わない議論の場でも、徐々に活発に意見が言える風土ができあがっていきます。

ポイント4　制限時間・最終意思決定者を最初に決める

これもよくある光景ですが、弁証法的会議ができるようになってくると、議論自体が白熱し、必要以上に会議の時間が長引くことがあります。いくら納得のいくまで議論をすると言っても、ビジネスでは当然ながら時間的な制約があり、限られた時間の中で結果を出さなければなりません。ましてや、「決まらないから」と会議の回数を増やしていくのでは本末転倒です。そのため、「制限時間内で、真剣に議論をし、決めきる」必要があります。

そうした場合はどうしたらよいのでしょうか？

実は「決まらない」ものをどうするかという以前に、「最初に最終意思決定者が誰かを決めておく」ことが必要不可欠なのです。

私は、**多くの企業が抱える会議の最大の課題は「いつまでに絶対決める、決まらないときは誰が決める」という点が不明確なこと**だと考えています。これは弁証法的会議には必須で、これなしでは、前述した「決まらない会議」となってしまいます。


弁証法的会議では、高いレベルで議論をしていくと、多くの場合、皆が同意する案に「収束」していくことが多いのですが、どうしても「収束」しきれない場合は、どんなに難しい案件でも、その決定事項の最高責任者が「覚悟」を持って意思決定しなければなりません。最高責任者・リーダーの最も重要な仕事の一つは「意思決定」なのです。

もちろん、追加情報の取得や、思考の熟成のために、意思決定の延期をまったくしてはいけないわけではありません。ただ、その場合も、延期した期日には必ず意思決定するという強い意志が必要です。

一点、最終意思決定で注意しなければならないことがあります。

複数の案が伯仲したときでも、原則的に多数決で決めるべきではないということです。

問い
33
なぜ多数決で決めてはいけないのでしょうか？ いくつか答えを考えてみてください。

・・・

最終意思決定者は、安易に「じゃあ、多数決で決めよう」と提案してはいけません。

その理由の一つは、「多数決が正しい」とは限らないからです。そして、**多数決はその構造上、意思決定の責任が分散し、他責になりやすく、覚悟も弱くなってしまいます。**

議論しても決まらないときは、一番「マインドセット」が高い人が、会議時間の最後に「これでいこう」と覚悟を持って決めるべきであり、その想いの強い人が、まさに、最終意思決定者（リーダー）なのです。

リーダーは、多数決に責任転嫁してはいけません。「これはみんなで決めたのだ」では、リーダーは不要なのです。

唯一、多数決が可能な例外があります。それは、取締役会やマネジメントコミッティで正式に多数決のルールが決められている場合です。ただし、この場合でも、浅い議論で安易に多数決に入るのではなく、徹底的な弁証法的議論を尽くすべきなのは言うまでもありません。

ポイント5「正解はない」という共通理解と覚悟

会議で決めることは、企業経営にとって予測が難しい未来のことです。会議の段階では、正解は誰にもわかりません。

正解を選ぼうと議論するのは、極論すると宝くじ売り場で当たりくじを買おうとしていることと同じです。もちろん事業では、宝くじと違い、より確度の高いものはどれかを検討することはできますが、常に不確実性は伴います。

ここまでの説明は、当たり前のことのようですが、会議の場で、皆で絶対的な正解を選ぼうとしてはいないでしょうか？ ポイント④の時間制限を決めづらいのも、正解を選ぶまで妥協すべきでないという心理が働いているからだと考えられます。

しかし、私たちは正解を選ぶことはできませんが、真剣な議論のあとで「決めた」ことを正解にする努力はできます。**私たちが議論すべきは「選べない正解」ではなく、「正解にするために全員が真剣に努力できる実行戦略」**なのです。

このことの理解なしに議論すると、議論自体に酔ってしまったり、評論家的で他責的な姿勢や言動に陥りやすくなったりします。

そして、これに関連して重要なのが、「選択したものを絶対に正解にする」という覚悟です。この覚悟には、2つの意味があります。まず、最終決定者（リーダー）の覚悟。そして、もう一つが、会議に参加した全員の覚悟です。

弁証法的会議は、参加者全員の覚悟を醸成しやすいという点でも優れています。モチベーションや覚悟は、会議に参加しているだけで自然に生まれるものではありません。主体的に自らの意見を発言し、他者の意見を聞き、弁証法で徹底的に議論をした上で決定した戦略立案プロセスを共有することで生まれます。弁証法的会議にはそのプロセスがすべて含まれており、継続していけば「全員経営者マインドセット」の組織に近づいていきます。

ポイント6　成長・育成の場

会議を弁証法で行うと、参加者一人ひとりの「マインドセット」と「戦略思考力」を着実に上げていくことが可能になります。組織力を高めるための時間を割くといっても、まったく新しい施策を打つとなると難易度が高いのですが、すでに膨大な時間を割いている「会議」のやり方を工夫するだけで、確実に成果を残せるという点で、この「弁証法的会議」は本当に有効な施策と言えるのです。

それでも実際、弁証法的会議を始めてみると、じれったく感じてしまい、耐えられないと思う社長やリーダーのほうが多いかもしれません。

おそらくこんな気持ちではないでしょうか？

「常に真剣に全社のことを考えている自分の案より優れた案は出ないのでは」
「以前ブレストはやったけど、いい案は出なかった」
「時間ばかりかかって、事業が遅れてしまうのでは」

これらの意見は、現時点ではその通りだと思います。

圧倒的な経験や情報、覚悟に差があるリーダーとメンバーの案では、明らかなレベル差があって当然です。しかし、現状を変えなければ、2年後も5年後も、彼らのレベルは上がらず、リーダーだけに依存しない、本当の意味で強い組織、全員経営者マインドセット組織にはなりません。ここは絶対に我慢すべきところです。各人の発言の内容で「言うことが変わってきた」と実感できるまでには、時間がかかるのです。
辛抱強く弁証法的会議を続けることで、部下の成長を感じることは可能です。

問い
34

弁証法的会議により、「マインドセット」や「戦略思考力」が高まる可能性があるとしたら、それはなぜでしょうか?

〔「マインドセット」が高まる理由〕

〔「戦略思考力」が高まる理由〕

まず、「マインドセット」が高まる可能性として考えられるのは、弁証法的会議によって、参加者一人ひとりが積極的に発言することで、各自が決定事項に対して責任感を持ち、主体性が発揮されやすくなるからです。
人は意思決定に関与せず、誰かから指示された状態では、どうしても主体性を持ちづらく、他責になりやすい生き物です。一方、自分で意思決定に関わると主体性を発揮し、必然的に私が「マインドセット」で定義している「オーナーシップ」「当事者意識」「覚悟」という要素が高くなります。

また、「戦略思考力」が高まるのは、弁証法的会議の中で議論することにより、戦略思考のポイントを徐々につかんでいくことができるからです。弁証法的会議は、A案とB案から複合案であるC案を生み出しますが、複合案に至る以前に、A案にB案をぶつけて議論することにより、それぞれの案のへの理解が深められるという効果があります。つまり、より戦略思考力の高いリーダーと弁証法で議論することにより、その思考プロセスを学ぶことができるのです。

さらに、最初はほとんどの人が、自分の思い込みでつくったA案しか会議に持ってこられませんが、しつこく他のB案・C案はないのかを問いかけることで、「常に自分の中で複数の案を考える癖」がつきます。これは一人で弁証法的会議をしている状態であり、繰り返すうちに、複眼的な思考を要する戦略思考力が高まっていくのです。

ちなみに、私は会議のメインの目的以外に、必ず研修・育成の要素を入れます。リーダーやメンバーが経営者レベルに成長するまで、常に「思考停止しない」状態をつくるように意識し、いろいろと工夫しているのです。

弁証法的会議のほかにも、いろいろな質問を投げかけたり、アイデアコンテストをしたり、プロジェクトやキャンペーンを積極的につくり、なるべく多くのメンバーがその責任者になるようにもしています。

ポイント7　戦略向上と目標の達成

また、教育的観点だけでなく、戦略の向上や目標の達成という意味でも、弁証法的会議は非常に有効です。

なぜ、そう言えるのでしょう？

まず、会議のアウトプットの質が上がります。一つの案に依存しすぎた議論の場合、それが社長の案であれば、社長だけのフィルターを通してものごとを認識しているため、視点が限定されている可能性があります。しかし、そこにリーダーやメンバーの視点で考えた案があることで、複眼的・多面的な思考をすることが可能となります。

自分の意見に対する対案を聞くことで、自分の気づかなかった面を発見でき、さらに案に磨きをかけていくこともできます。私は会議の場で必ず自分の意見に対しても対案を求めますし、本質を捉えた議論をしようと促します。

実際に、一人ひとりの「マインドセット」と「戦略思考力」が高まることにより、事業の推進スピードは圧倒的に上がります。一人ひとりの思考の質と量そしてスピードを高めることで実行力も上がるのです。

成長は、意思決定の体験に依存します。どれだけ短時間で網羅的に議論して結論を出すか。能力が高くなるほど、短時間で結論を導き出せるようになります。

マインドの高い人たちは、立ち話であっても、最善の策を決めることができます。スケジュールには「会議」の文字がなくとも「ちょっといいかな」と声をかけ合い、お互いに数分、意見を交わすだけで「これでいこう」と決められるのです。

マインドの高い社員が増えれば、こうしたことが随所で起こり、スーパーコンピューターのように、処理スピードが高速になり、目標達成に要する時間もどんどん速くなっていきます。つまり企業の劇的な成長も大いに期待できるということです。

4

MS MATRIX STRATEGY

弁証法的会議の注意点

最後に、弁証法的会議に関連する注意点を2つ紹介します。

1つ目は、**弁証法は重要ですが、状況によっては弁証法よりも優先すべき指示もあり得る**ということです。緊急度が高く、すぐに対応しなければならない案件では、弁証法的会議を省略して、いきなりA案で指示が飛ぶこともあります。船にたとえるなら、船腹に穴が開いてすぐに対処が必要な状況では、船長の判断が優先されるでしょう。

また、野球で試合中に監督からバントのサインが出た場合、全員が集合して作戦会議をすることは不可能です。翌日の試合の作戦会議をしているときとは状況は明らかに違います。「私がなぜバントをしなければならないのですか、腹落ちするまで説明してください。でなければ私は一歩も動きません」では、チームプレーは機能しません。

このような事態に指示系統が機能しないのは「組織内の信頼関係が乏しいから」です。

緊急時には「説明はあとでするから、今回はこれでやってくれ」と言える信頼関係と、通常は可能な限り説明や議論の時間をとることの両方があって、組織は強くなります。「部下の腹落ちは必要ない」という組織も問題ですが、「すべてのことに腹落ちしないと行動に移れない」という組織も問題です。

注意点の2つ目は、**継続しない策は意味がない**ということです。覚悟が足りない、仕組みができていないという場合、継続はできません。**継続する仕組みを考えることが非常に大切**です。「今後は弁証法的会議を推進していく」と決めて一度は実施しても、翌週の会議ではまた元に戻っているかもしれません。継続できないことは、決めても意味がないのです。その意味で、会議で出された案には、継続性がどのように組み込まれているかを考えておく必要があります。

たとえば、弁証法的会議を定着させるために、毎回の会議にA4用紙やポストイット、マジックを用意しておき、必ずそれらを使って全員が自分の意見を出すことを習慣づけるようにしてはどうでしょうか。社長やリーダー以外を弁証法的会議の推進責任者に任命することもよいでしょう。また、「自分の意見がない人や発言しない人は、今後は会議に出席させない」といった強い姿勢を示すことも必要かもしれません。

継続性はどんなことでも重要です。継続しないことのために、私たちが時間や労力を割くことは、生産性を悪化させるだけではなく、モチベーションを低下させ、今後の議論の質をさらに低下させてしまいます。

さらに高いレベルの「全員経営者弁証法的会議」へ

ここまで弁証法的会議に関して、基本や重要なポイントについて説明してきました。

では、弁証法的会議が、「全員経営者弁証法的会議」になるには、さらに何が必要なのでしょう?

これは、社長や役員などの役職の人が参加する会議ということではもちろんありません。「マインドセット」が100%のMSSやM100ゾーンのメンバーが活発に議論する会議が、「**全員経営者弁証法的会議**」なのです。

本書で定義した「マインドセット」は、〝**当事者意識**、**覚悟**、**オーナーシップ**、**全体最適**、**ミッションフィット**、**バリュー体現**〟でした。これらに関して100%の意識で仕事に臨んでいる人たちの弁証法的会議と、マインドセットが高くない人たちの会議を想像してみてください。会議の内容や、その後の行動に大きな開きができるのは明白ですね。

また、この会議法は、リーダーとメンバーだけでなく、経営幹部同士の会議でも有効です。

私が知っている会社でも、弁証法的会議がなされず、経営幹部のボタンの掛け違いがどんどん大きくなり、最終的に決裂してしまったケースがあります。

どちらかに大きな問題があるわけでもなく、皆さん優秀なのですが、経営の話で噛み合わないことが発生すると、議論がエスカレートして、双方とも感情的になってしまうのです(どちらも自分はそうなっていないと思っていても、私が客観的に見るとそうなっています)。

忙しい中で、固定概念や感情に囚われ、あいまい・脆弱な会議をやっているヒマなどありません。社会に圧倒的な価値が出せるプロダクトやサービスを生み出す会議を行い、覚悟を持って決定事項を実行していきましょう。

MSSとM100のゾーン

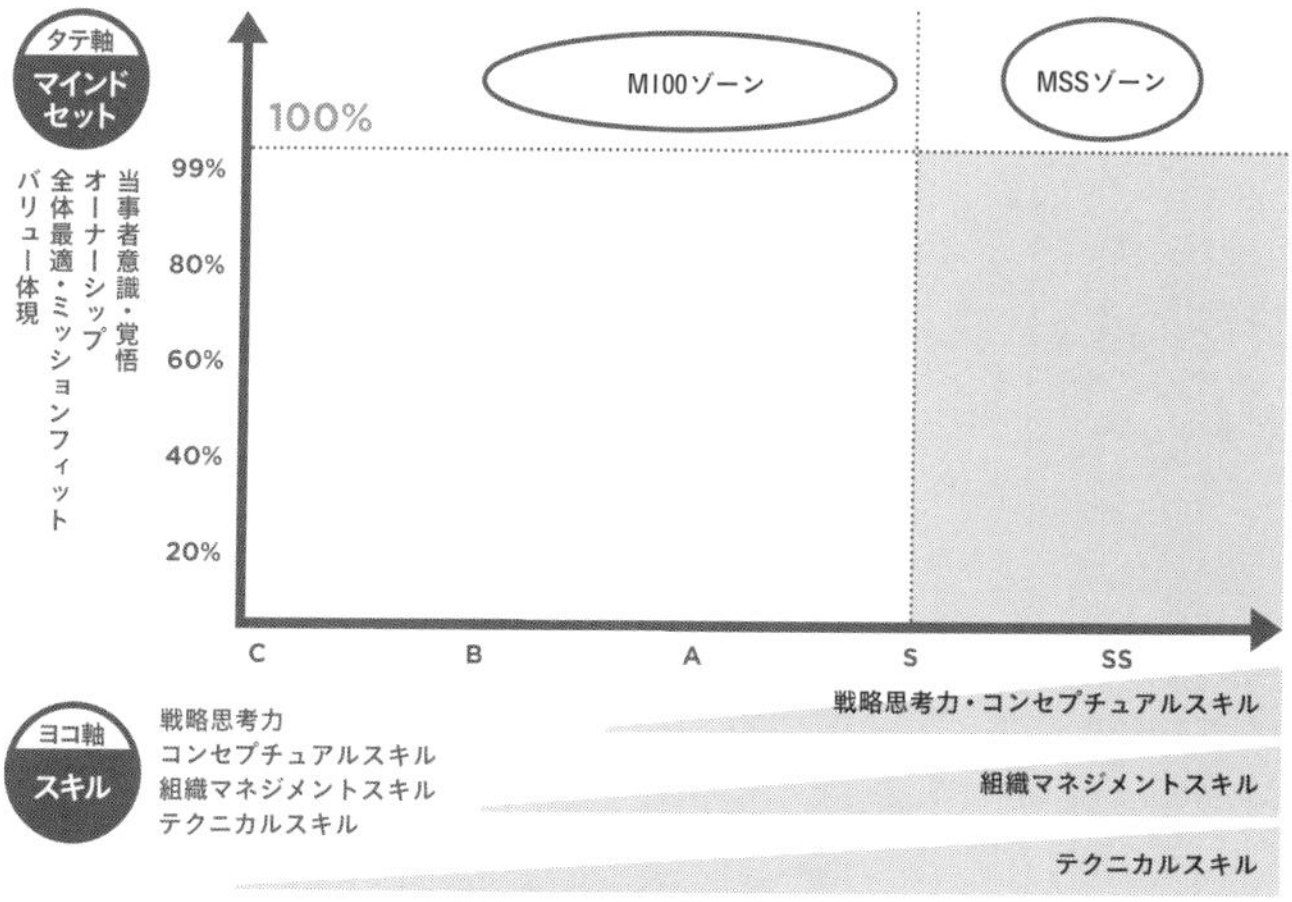

〈ある経営者からの手紙〉

吉田さん

2日間の貴重な時間を我々のために割いていただき、本当にありがとうございました！

正直「驚いた」というのが私の率直な感想です。

幹部の姿勢と発言が大きく変わりました。しかもたった2日間で！びっくりです。

合宿を通して感じたことは、「会社の行く末は私次第」と思い込んでいて、戦略立案面の多くを囲い込みすぎていたことは反省せねば、ということです。その囲い込みが会社全体のパフォーマンスを下げていました（自分がブレーキになっていました）。

私にとっては「今後は幹部に戦略・戦術立案を任せていける。それによりグロースピードを数倍引き上げられるかもしれない」という手応えを感じることができたというのが大きな収穫です。もちろん大枠の企業方針・戦略は私が描くべきだと思いますが、その全体戦略を支える、実行レベルの戦略・戦術立案は、実行する側に近い幹部が立案したほうが、より当事者意識で進めやすいでしょうし。

次のステップは、幹部より下のレイヤーの当事者意識の醸成になると思います。

実行メンバーまで当事者意識を浸透させた上で、今日の午後立案した3つのアクションプランをより腹落ちさせ、実行に移していかなければ、狙い通りの目的達成にはつながらない可能性が高くなります。リスクを未然に回避するためにも、早い段階でメンバー合宿を実施したいと考えていますので、5月にまたご支援のほど、よろしくお願いします。

最後に、合宿で一番心に刻まれた言葉、「結果は選択できないが、行動は選択できる」。まさにその通りですね。この言葉を聞いて、起業したときのことを思い出しました。結果を気にしていたら、起業するという選択はしていませんでしたし。

本当にありがとうございました。今後ともよろしくお願いいたします。

これは、ある企業経営者から実際に著者あてに送られたメールです。
2日間の幹部メンバーが参加する戦略合宿（事業戦略・組織戦略）で、本書の内容をベースに、著者がファシリテーションを行いました。

あとがき

あなたの会社には、社長は何名いますか?

あらためて質問させていただきました。

もちろん、肩書ではなく、「経営者マインドセットの人」の意味です。

この本をお読みくださった皆さんなら、もうおわかりですね。

「まだまだ足りないが、そういう人をもっとどんどん増やしていきたい」。そう答えているはずです。

信念の輪を広げよう

次ページの図を見てください。右側はスティーブン・R・コヴィー氏の『7つの習慣』にある、「影響の輪、関心の輪」です。「影響の輪」(変えられるもの、影響できること)は、主体性を発揮して行動することによってコントロールできるので、そこに注力したほうがよく、「関心の輪」（変えられないもの、影響できないこと）には、余計なエネルギーを使わないほうがよいというものです。

図の左側には、私の創作で、2つの輪の間に「信念の輪」をプラスしています。

その理由は、「影響の輪」と「関心の輪」の間には、判断が難しいグレーゾーンがあるからです。

「変えられる」「変えられない」ことが明確に判断できる状況では、注力すべきかどうかがわかりやすいのですが、会社の経営には簡単に判断できないことが存在します。たとえば、あまり自らの成長を望んでいない部下の成長に、本当

影響の輪・信念の輪・関心の輪

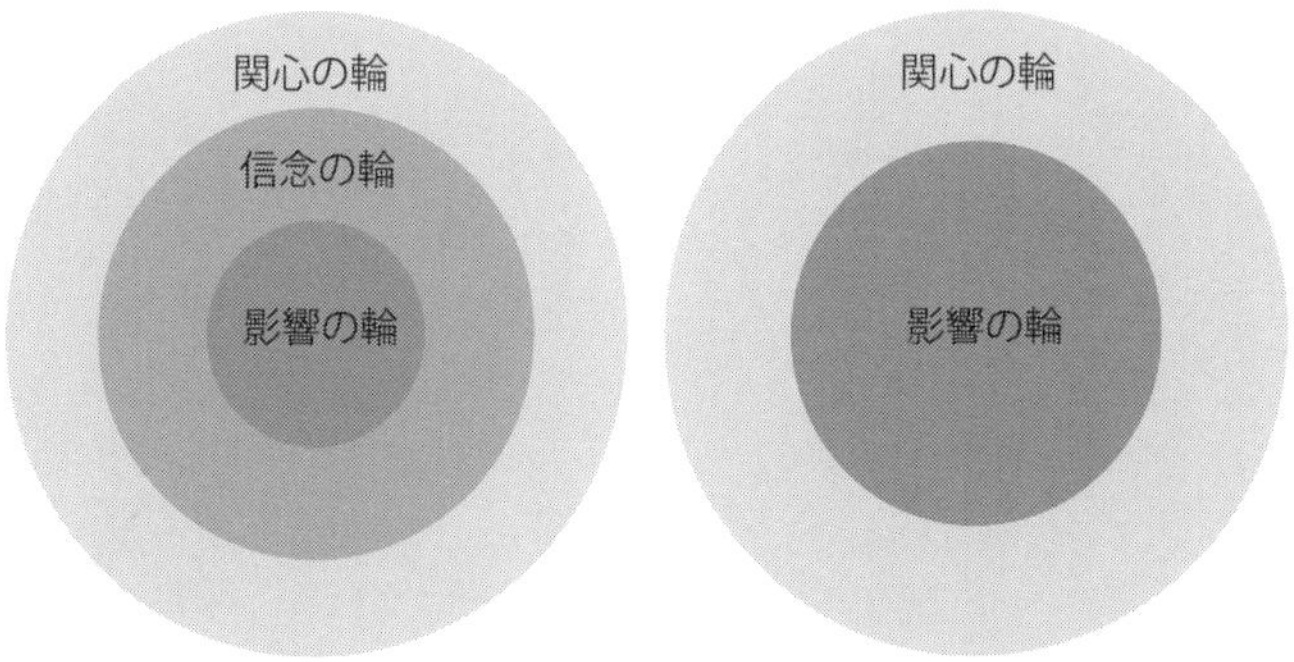

に影響を与えられるのか、それとも割り切ってしまうのかといった場合です。

私はそこに「信念の輪」が存在すると考えています。

これを、「すぐに結果が出ないものでも、強い信念を持ってやり続ける覚悟のエリア」と定義し、加えました。


あなたの「信念の輪」は何でしょうか？

私にとって〝全員経営者マインドセット組織への挑戦〟は、難易度は高くとも、絶対に諦めたくない、まさに「信念の輪」なのです。

皆さんにもぜひ、挑戦していただきたいと思います。


そして最後に、本文の中で触れられなかったことをいくつかお伝えします。

社長、マインドセット100％のリーダーへ
――語るべきものと、語りすぎないほうがいいもの

ミッション・ビジョンは、リーダーが繰り返し語り続けることが大切です。リーダーの最も重要な仕事と言っても過言ではないでしょう。

その一方で、ミッション・ビジョン以外の話の場合には、語りすぎることのデメリットがあると考えています。ミッション・ビジョンと同じトーンや想いで語ってもプラスにならず、むしろマイナスになってしまいます。

それが、次の2つのポイントです。

・一方的に語り続けるほど、社員が思考停止や他責思考になりやすい

・社長やリーダーの言葉は、社員にはポジショントークに聞こえてしまい、強く何度も繰り返すことで、素直に聞けず、拒絶反応さえ出てしまう

経営者やリーダーは普通、想いを込めて上手に話ができる人が多いのですが、そうであるがゆえに、ついこの2つのマイナスに気づかずに、熱く語り続けてしまいます。

すると、これらのポイントが増長し、両者の間の溝が深まっていきます。そうならないように、大切な時間を、もっと主体的な気づきや体験の機会を増やすことに充ててください。そうすることで、社員に主体性・当事者意識が生まれ、視点・視野・視座が広がります。

リーダーの意識と言動を変え〝全員経営者マインドセット組織〟を目指していきましょう。

まだ100％でないリーダー、まだリーダーでない人、そしてすべての人へ
――「人生の経営者になる」ということ

私の周りには、以前のMSマトリクスマッピングでは、100％ゾーンに貼ることができなかった人で、今は自信を持って貼れるようになった人が増えています。

その人たちからは、実際にこんな言葉を聞くことができます。

「マインドセット100％になる前は、その状態になるのを漠然と恐れていて、損もするのではないかと感じていました。でも、実際になる覚悟をしてみたら、それらは杞憂だったとがわかりました」

「ブレーキを踏んで、他責にもしていたときは、悩みや不安も多かったです。でも今はスッキリしていて、以前に比べて悩むことが少なくなりました」

100％の覚悟をした皆さんは、まさに「人生の経営者」になったと思います。

まだの人も、思い切って100％になる覚悟をしてみてください。きっと違う景色が見えてきます。

最後になりますが、本書を読んでくださったすべての人が、「人生の経営者」になり、「全員経営者マインドセット」を持つことで、人生をより豊かに送ることができ、ひいてはそれが、社会貢献という大きな使命につながることを願ってやみません。

2019年4月

吉田　行宏

本書の中で使われたMSマトリクスは、下記のURLにアクセスしていただくとダウンロードできます。会社や学校、サークル等での研修やワークショップにご活用ください。

また、下記サイトには、読後レビューや、関連インタビュー、イベントや活用事例等を掲載していきますので、ぜひご覧ください。

https://growth-mindset.jp/ms-matrix

【著者略歴】

吉田行宏（よしだ・ゆきひろ）

元 株式会社ガリバーインターナショナル（現 株式会社IDOM）専務取締役。創業4年でガリバーを全国展開させ、同社を株式公開に導く。創業10年で1000億円の売上を達成し、世界でも数少ない「ハイパーグロースカンパニー」となった同社で、FC事業・経営戦略・マーケティング・人事・教育・IT・財務等の担当役員を歴任。2012年に退任するまでの18年間、一貫して人事・評価制度の構築・運営及び社員・幹部の育成・教育を行い、独自の研修や育成理論を構築する。ガリバー退任後は、若手経営者の育成支援と、共同での新規事業創造のため、株式会社アイランドクレアを設立。現在25社以上の企業の役員・戦略顧問などを務めるほか、出資支援等を行っている。著書に『成長マインドセット』がある。

株式会社アイランドクレア 代表取締役／株式会社LIFE PEPPER 代表取締役／株式会社POL 取締役／株式会社FiNC Technologies 社外取締役／JapanTaxi株式会社 組織戦略顧問／株式会社マネーフォワード 組織戦略顧問／株式会社ニューズピックス 組織戦略顧問

全《ぜん》員《いん》経《けい》営《えい》者《しゃ》マインドセット

2019年 4月21日　初版発行

発行　**株式会社クロスメディア・パブリッシング**

発行者　小早川 幸一郎

〒151-0051　東京都渋谷区千駄ヶ谷4-20-3 東栄神宮外苑ビル

http://www.cm-publishing.co.jp

■本の内容に関するお問い合わせ先 …………………… TEL (03)5413-3140／FAX (03)5413-3141

発売　**株式会社インプレス**

〒101-0051　東京都千代田区神田神保町一丁目105番地

■乱丁本・落丁本などのお問い合わせ先 ……………… TEL (03)6837-5016／FAX (03)6837-5023

service@impress.co.jp

（受付時間　10:00～12:00、13:00～17:00　土日・祝日を除く）

※古書店で購入されたものについてはお取り替えできません

■書店／販売店のご注文窓口

株式会社インプレス　受注センター ……………………… TEL (048)449-8040／FAX (048)449-8041

株式会社インプレス　出版営業部 ……………………………………………… TEL (03)6837-4635

カバー・本文デザイン　金澤浩二（cmD）

DTP　荒好見（cmD）

印刷・製本　株式会社シナノ

ISBN 978-4-295-40290-9　C2034